KLAGEHJELP

KAMPEN FOR TILVÆRELSEN

Dag Rune Flaaten

KLAGEHJELP | KUNDENE FORTELLER

ENGASJEMENT

Denne boken er tilegnet alle kundene våre, som har valgt å støtte oss i en periode preget av mediestorm og gjennomprøving fra en rekke offentlige hold. Dere er fantastiske - mange takk!

Vi kunne forsåvidt vurdert å tilegne den et knippe av de ansatte i Forbrukerrådet og Forbrukerombudet også - jada, dere vet hvem dere er ... for at de har vært så iherdige i å hjelpe oss til å tåle såpass mye motgang som vi nå gjør. Takk for at dere hjalp til med å bryte oss ned - og takk Gud for at vi klarte å bygge oss opp igjen - helt på egenhånd.

En spesielt varm takk til alle krigerne i Klagehjelp - dere er av en annen verden!

INNHOLD

FORORD

I 2016 var farsdag søndag den 13. november. Jeg brukte mye av dagen på å skrive ferdig boken «Oppstarten» – den første boken om Klagehjelp AS.

Etter at Forbrukerombudet hadde begynt å brevveksle med oss knappe to måneder i forveien, hadde vi sett behovet for å sette opp en tidslinje over hva vi faktisk hadde holdt på med de første årene. Vi engasjerte en lokal graver, Nordlien, samt en lokal forfatter, Larsen. Nordlien gikk gjennom alt som var skrevet om oss i mediene, mens Larsen forfattet en artikkel basert på noe materiale vi oversendte ham. Tanken var å få artikkelen, som egentlig var en slags forsvarstale, ut i mediene, slik at journalister og andre skulle få en ny forståelse av hvem vi var – vi var jo the good guys..

I tillegg satt Tonje, adminkoordinatoren vår, i ukevis og gjennomgikk alle kundene vi hadde hjulpet ut av DnB NOR Eiendomsinvest. Vi nevnte i mange sammenhenger hva vi hadde fått til, men Forbrukerrådet, mediene og andre lot være å ta notis av dette – det virket som om de ikke trodde noe på det ... eller kanskje de ikke ville tro?

Det var frustrerende å sitte på så mange sterke og gode historier og prestasjoner ... uten at noen ville tro på dem. I og med at vi nå brevvekslet med Forbrukerombudet, og de koste seg med å herje med oss i mediene, opplevde vi et temmelig reelt behov for å få noe positiv omtale. For oss virket det som om Forbrukerombudet bare var en ekstra, forsterket, arm av Forbrukerrådet og deres korstog mot oss. Det var ingen ting i deres håndtering av oss som vitnet om at de ønsket oss noe godt her i livet. Det gikk i trusler om bøter, hemningsløs sverting i mediene og den slags. Det var for oss åpenbart at noen i ombudet hadde et veldig behov for å utøve mest mulig av den makten de var i besittelse av. Offentlige instanser kan være skumle slik..

Den første henvendelsen fra Forbrukerombudet resulterte i den største drittpakken vi noensinne hadde opplevd. De var nok i ekstase over å kunne påføre et lite, hardtarbeidende selskap en så kolossal slagside ... og det kom som lyn fra klar himmel. Takk og lov at vi var vant med motgang fra uventet hold. Det gikk en faen i oss. De skulle ikke knekke oss og det viktige arbeidet vi holdt på med. Hvordan de, i likhet med Forbrukerrådet, kunne misforstå så fullstendig hvem vi var og hva vi holdt på med – en skulle nesten tro de hadde noen upassende relasjoner med opptil flere av motstanderne våre..

Hvor vanskelig kunne det være? Dersom et stort konsern hadde skitt på fingrene og en eller annen småivrig offentlig ansatt ... ja, eller en småskarp journalist ... begynte å grave i ting ... hva med å tilby en spennende jobb hos en god relasjon og gjerne noen penger på en utenlandsk konto et par år frem i tid – i bytte mot å la ting ligge her og nå? Det er ikke rart det popper opp konspirasjonsteorier fra tid til annen..

Jeg tror nok det er mange ting jeg kunne ha funnet ut av, uten å bli særlig sjokkert over det. Gjennom de tingene vi jobber med til daglig, kommer vi over såpass mye galskap at terskelen for å bli seriøst overrasket har beveget seg en hel del i løpet av de siste årene..

Norge er et lite land, men jeg tar meg igjen og igjen i å bli satt ut av hvordan vi blir hengt ut og omtalt i mediene. I starten trodde jeg kanskje at journalistene var sløve og ikke helt ved sine fulle fem ... men etter hvert har jeg forstått at de vet akkurat hva de holder på med – i alle fall de som fyller artiklene med innhold. Ekspertene, fagpersonene ... i vårt tilfelle var det de som hadde ansvaret for å passe på forbrukerne som hadde vært ute og advart mot oss. Det var i grunnen ikke til å tro, men det var altså slik virkeligheten vår var ... i alle fall inntil videre.

Men altså ... Klagehjelp.. Det var jo fantastisk hva vi hadde fått til. I løpet av 3 år hadde vi hjulpet folk til å få tilbake nærmere 400 millioner tapte kroner fra norske banker – i all hovedsak fra DNB. Forbrukerrådet hadde i et intervju på NRK radio sagt at ... jo, det er mulig de har hjulpet noen ... underforstått ikke vet vi, eller, de påstår i alle fall det.. Det var på tide vi ble tatt seriøst, så vi brukte god tid på å gjennomgå alle gamle saker. Hvor mange var det egentlig vi hadde hjulpet og hvor mye hadde de egentlig fått tilbake? Vi hadde mistet tellingen, så det var godt å ta en skikkelig gjennomgang.

Samtidig med at Tonje og i en periode også John Egil – også han admin – jobbet med dette, skrev jeg fra tid til annen litt på historien om Klagehjelp. Hvordan gikk det til at vi satte i gang med det hele, og hvilke kriser og seire hadde vi opplevd. Og hvordan i all verden kunne det ha seg at vi hadde fått så mye oppmerksomhet i mediene?

Det var dette jeg satte meg ned med på farsdagen, da jeg med ett kom på idéen om å gi det hele ut som en bok. Eller et hefte da – det var tross alt ikke snakk om så mange sidene.. Jeg googlet litt på «self publishing» og kom frem til en løsning. Jeg kunne gi ut boken på Amazon som en e-bok. Videre kunne jeg, gjennom et av Amazon sine datterselskap, CreateSpace, få gitt ut boken i papirutgave – som en print on demand. Glitrende! På den måten kunne boken fås både som e-bok og i pocket, uten at det kostet all verden.

Jeg hadde tenkt ut en lignende løsning 16 år tidligere, da jeg nylig hadde hoppet av lærerjobben og gått over til IT. Den gang etablerte vi selskapet bookIT AS. Idéen var å gjøre lærebøkene i skoleverket elektroniske. Om alle lærebøkene var online, kunne lærerkollegiet selv sy sammen årets lærebøker, ved å plukke elementer fra de ulike bøkene på markedet, og så sy sammen den varianten de selv foretrakk. Deretter kunne de velge om lærebøkene skulle brukes over nett, eller om de skulle skrives ut som hefter eller som bøker; pocket eller hardcover.

Fra tiden min som lærer, var dette med å velge lærebøker stadig noe som ble debattert i kollegiet. Ingen bøker var optimale, men de fleste hadde gode elementer. Valget ble oftest det verket som flest foretrakk – eller, kanskje vel så ofte, den boken de fremdeles hadde noen gjenlevende eksemplarer av. bookIT ga skolene muligheten til selv å sy sammen akkurat de bøkene de foretrakk. Videre fikk man muligheten til å laste opp egne arbeider, og på den måten dele disse med andre skoler landet over.

Det var mye bra funksjonalitet og mange gode tanker bak bookIT, men vi klarte aldri å realisere planene. Det var brødrene mine, to kompiser av disse og meg som var aksjonærene i bookIT. Vi avviklet selskapet etter kort tid, men før den tid hadde vi rukket å få tilbud om å selge selskapet, først til et stort IT-selskap, deretter til en landsdekkende trykkerikjede. Vi var nok temmelig lite realistiske i verdsettingen av det hele og vi var nok ikke klare til å ofre noe særlig for å få det til – i alle fall ikke nok.

Nå som jeg vurderte å gi ut bok, var det altså selskapet CreateSpace, som kunne tilby en løsning gjennom book on demand, eller print on demand – akkurat det samme konseptet vi selv hadde tenkt ut 16 år tidligere. Synd vi feilet i å realisere konseptet den gang..

OK, jeg hadde funnet en måte å få gitt ut boken på. Bøkene ville bli trykket i USA, etter hvert som de ble bestilt. I bytte tok jeg til takke med særdeles lave royalties. Det gjorde jo ikke noe – hensikten var at historien vår skulle bli lest.

Så var det cover og det å få teksten til å se ut som en bok. Jeg har mange ganger bestilt logoer og annet direkte fra designere rundt om i verden, så jeg gikk på nett og flagget bestillingen – kort tid senere var Atif fra Pakistan i gang med å lage cover og ... typografi (?). For noen lapper skulle han transformere teksten til en bok på under et døgn – det var avtalen. Og slik ble det.

Boken «Oppstarten» er i dag tilgjengelig på Amazon som både e-bok og i pocketutgave. I tillegg kan en få kjøpt den direkte fra Klagehjelp. Hittil er den trykket i to opplag; første opplag var på 500 bøker. Det var tomt etter en ukes tid. Andre opplag var på 1 500 bøker og bestillingen av tredje opplag faller sammen med andre opplag av oppfølgeren «Kundene forteller» og første opplag av denne boken. Vi er produktive i Klagehjelp.

Oppstarten ble altså ferdigstilt ... og for en stor del også skrevet den 13. november 2016. Så snart første opplag var bestilt, kom idéen om å få satt sammen en bok som inneholdt historier om hvordan det var å få hjelp av oss – en bok full av vitnesbyrd. Jeg hadde aldri hørt om en slik bok, så det var et veldig spennende prosjekt.

Samtidig fortsatte livet i Klagehjelp. Kampen for tilværelsen, kampen for å vinne frem med det viktige arbeidet vårt. Planen var ekspansjon til Danmark og England og jeg ville gjerne få dokumentert det hele. Egentlig var tanken at denne tredje boken skulle hete «Ekspansjon». Etter hver endret jeg den til «Ekspansjon – eller stagnasjon?» før jeg endret den til «Kampen mot Forbrukerombudet» ... og til sist altså endte på det den egentlig handlet om, nemlig «Kampen for tilværelsen». Vi var på terskelen inn i nye markeder, men vi ble forstyrret av en overraskende henvendelse ... og fokuset ble fullstendig endret. Fire måneder skulle det ta oss å få kontroll på fokuset igjen. For all del – vi fikk utrettet svært mye bra gjennom denne perioden, men vi evnet ikke å realisere planene om ekspansjon – det var for mye annet som krevde vår oppmerksomhet.

Fryktelig irriterende, men slik var virkeligheten. Denne boken forteller om kampen vår mot Forbrukerombudet, eller i alle fall om det intense arbeidet vårt for å tilfredsstille ombudet. Det tok oss fire måneder og kostet oss uhorvelig mange penger ... og en hel del andre ting. Det var rett og slett lærerikt – på mange vis..

KJEPPER I HJULENE

1 **5. NOVEMBER 2016** fikk vi en etterlengtet beskjed fra Advokatfirmaet Gangsted-Rasmussen i København; det danske datterselskapet vårt, Klagehjælp ApS, var registrert hos Erhvervsstyrelsen. Dette var strålende nyheter og vi feiret med å legge ut en 26 sekunders filmsnutt på YouTube- og Facebook-sidene våre: <u>Klagehjælp ApS</u>. Det var kanskje ikke all verdens feiring, men vi hadde vel lært oss et og annet om måtehold gjennom de første årene.

Et par uker i forveien hadde vi kjøpt oss et rimelig videokamera med stativ og fått trykket opp en plakat med den nye logoen vår – vi hadde med andre ord fått oss et studio! Investeringen beløp seg til rundt 5 000 kroner, noe som burde være akseptabelt.

Plakaten var stiftet opp i det ene hjørnet av kontoret mitt og kameraet var stilt inn slik at det akkurat ikke fikk med seg vannrørene i taket, vinduskarmen ut mot resepsjonen på den ene siden og hjørnet av veggen på den andre siden, samt møblene i underkant av rammen. Om man stod med en ørliten knekk i knærne, kom hodet akkurat innenfor øvre rammekant. Det fungerte som bare det.

Vi hadde til hensikt å legge ut filmsnutter i anledning større og mindre begivenheter, slik at folk der ute skulle ha mulighet til å fange opp hva vi syslet med på en temmelig ukomplisert måte. Det er som kjent viktig å bli sett og hørt, om en skal komme noe sted – og vi hadde absolutt til hensikt å bli sett og hørt ... og komme noe sted.

Greit nok at det var temmelig flaut å tapetsere ansiktet over sosiale medier, men jeg regnet med at dette ville gå seg til etter hvert. Både for meg, Bodil og resten av familien ... temmelig flaut, men det måtte vel til..

Arbeidet med nye nettsider var allerede godt i gang. Designet var klart, men det var mye som skulle kodes – vi hadde bestilt alt det vi ønsket oss av funksjonalitet. De norske sidene skulle være klare før jul, men vi kunne nok ikke håpe på å få noen danske sider live før tidlig 2017. Ulidelig lenge å vente..

Den danske virksomheten var avhengig av at nettsidene var oppe – det var ikke nok at det danske selskapet var på plass, men som min morfar alltid sa: «Det er godt med alt som er gjort.» Vi var i det minste på veg i riktig retning. Danskene hadde vel gått klar DNB, Acta og en del andre norske finansforetak, men det var en rekke finanssaker å ta tak i der også – og i tillegg var de selvsagt akkurat like berørt som nordmenn av VWs utslippsskandale. Vi ville svært gjerne gå i gang med å tilby hjelp med det samme, men vi var nok nødt til å vente på at ting var temmelig klart ... nettsidene måtte i det minste på plass først..

19. OG 20. SEPTEMBER 2016 hadde vi hatt de som skulle drive den engelske virksomheten vår på besøk. Hovedpersonen var en Eriksen. Han bodde i London, hadde sin utdannelse fra USA og hadde jobbet høyt oppe i store, internasjonale selskap i en årrekke. Vi hadde vært så heldige å komme i kontakt med ham etter et temmelig meningsløst møte med Innovasjon Norge på Forus, utenfor Stavanger.

Innovasjon Norge hadde visstnok ingen ting å bidra med overfor en virksomhet som vår – vi hadde booket møte med dem for å legge frem våre planer om å gå internasjonalt. Jo, det var for så vidt en liten ting... en av Innovasjon Norge-karene visste tilfeldigvis om en lederskikkelse som nylig hadde trådt ut av stillingen i et stort selskap – en nordmann, bosatt i England. Innovasjonskaren lovet å oversende oss kontaktopplysningene til denne engelske nordmannen, noe han heldigvis også gjorde ... noen uker senere var Cato og jeg i England og møtte Eriksen for første gang. Tusen takk, Innovasjon Norge!

Eriksen viste seg å være en suveren mann. Det tok ikke mange minuttene fra vi satte oss ned med ham, til vi var overbevist om at han var vår mann i England. Vi så også for oss at han kunne bli viktig for Klagehjelp i en rekke andre land. Eriksen hadde en erfaring og kompetanse som lå langt der oppe. Vi kunne diskutere fritt og åpent med ham, og vi slapp å gjenta ting for at han skulle henge med – det er alltid et godt tegn. Vi var helt klart heldige.

Han la ikke skjul på at han også gjerne kunne tenke seg å jobbe med oss, for han hadde virkelig fått sansen for Klagehjelp og det arbeidet vi gjorde ... så da var saken klar. I og med at han hadde et oppdrag gående for et eller annet universitet i USA, hadde han behov for støttespiller, en nummer to, i England. Han lanserte en kandidat for oss. For oss var dette nok en bekreftelse på at Eriksen var rett for oss. Kandidaten, som vi selvsagt godkjente, var finansmannen Phil, som hadde arbeidet høyt oppe i internasjonal finans i en årrekke. Han hadde erfaring fra de fleste finanssentre og hadde blant annet vært med på å sette opp en hel del finansprodukter. Dermed kjente Phil motstanderne våre fra innsiden. Vi følte oss svært heldige. Jeg vet ikke hvordan vi skulle kommet i kontakt med en slik kapasitet på egenhånd – Eriksen var tydeligvis en mann med sterke forbindelser.

Under besøket av Eriksen og Phil, hadde oppsettet av de utenlandske nettsidene kommet et godt stykke. Det var et hav av funksjonalitet som måtte på plass for å dekke behovet, og da vi senere møtte våre fremtidige samarbeidspartnere i Danmark, skjønte vi at behovet i Danmark samsvarte mye med behovet i England. Vi bestemte oss for å sy en ny løsning også for Norge, slik at samtlige sider var mest mulig uniforme – det ville bli et kvantesprang for oss og vi gledet oss stort til lanseringen.

Jeg var utrolig spent på hvordan sidene ville bli mottatt. Hele poenget med å få nye sider på plass, var jo at de skulle bli mer kundevennlige ... at kundene våre lettere skulle finne frem til nyttig informasjon og at de så enkelt som mulig skulle kunne holde seg oppdatert om de sakene de var involvert i. Jeg var villig til å investere en hel del i å gjøre sidene nyttige for kundene våre. Dersom nettsidene våre kunne våre en god informasjonskanal, ville det gjøre oss i stand til å håndtere enda flere samtidige kunder enn nå. Dette var verd en hel del, men om prosjektet ble en suksess eller ikke, det ville vi først få vite i etterkant ... spennende..

Selv er jeg nok kjent for å være temmelig utålmodig og kanskje ikke helt uten grunn. Jeg hadde en klar opplevelse av at prosjektet med nye nettsider var på overtid, allerede fra det tidspunkt det var bestilt. Ting bør helst skje umiddelbart!

DEN 20. SEPTEMBER 2016, KLOKKEN 12:27
skjedde det noe som trolig hadde skremt vannet
av de aller fleste som driver butikk. Da tikket det
nemlig inn en e-post fra ingen ringere enn
Forbrukerombudet! Dette var første gang de
henvendte seg til oss. Vi satt vi i møte med
Eriksen, Phil og Iversen Skogen Reklamebyrå og
bestilte funksjonalitet for de kommende
engelske nettsidene. Det tok derfor et par timer
før jeg oppdaget e-posten, som inneholdt to
vedlegg på til sammen rundt 100 sider! I et av
vedleggene fremkom det at vi hadde frem til
klokken 12:00 den 22. september på å justere en
hel del rundt markedsføringen vår av
Dieselgate-prosjektet, Volkswagens
utslippsskandale. Vi hadde fått flydd inn to
mann fra England, samt fått et par stykker fra et
reklamebyrå på besøk, men møtet med Eriksen
og Phil var ferdig for min del. Jeg hadde fått en
brann å slukke.

Neste dag skulle Cato og jeg etter planen til
København. Cato hadde avtalt møter med tre
advokathus og tre callsentre. Vi tullet ikke når vi
planla ekspansjon og vi tenkte å få mest mulig ut
av den første turnéen i Danmark. Henvendelsen
fra Forbrukerombudet passet midt i ryggen. Ble

vi nødt til å avlyse København? Jeg kontaktet både Adrenasoft, IT-selskapet som leverer mange av systemene våre, og advokatene vi samarbeidet med rundt Diselgate-prosjektet – nå måtte det jobbes.

Snaue 10 timer etter at vi hadde mottatt e-posten fra Forbrukerombudet, var vi ferdige med å justere både IT-systemet, nettsidene, infoskrivet og avtalevilkårene. Vi hadde fremdeles halvannet døgn igjen av fristen, så jeg slukket lysene på kontoret og kom meg hjem – det var sent og jeg måtte pakke for Danmark.

TIDENES DRITTSTORM var i ferd med å treffe oss, noe jeg fikk en anelse om da jeg fikk de første telefonene, like før vi gikk om bord på flyet på Sola. Det var tidlig formiddag, 21. September, og vi var på veg til København. Alt var jo ordnet, så hva i all verden var det som skjedde? Telefonstormen ble avbrutt av en kort flytur, men da vi landet i København en times tid senere, var det full ståhei.

Det tok oss noen dager å få nøstet opp i det hele, men det viste seg at Forbrukerombudet hadde rigget i stand en pressemelding, der de virkelig la seg i selen for å skyte ørsmå spurv med gigantiske kanoner. I forkant av at de la ut pressemeldingen, sørget de for å spre den til redaksjoner i det ganske land, slik at da pressemeldingen ble publisert, lå allerede VG-artikkelen ute – den refererte endatil til en pressemelding som enda ikke var publisert. Og, det mest fantastiske av alt ... alt det de kritiserte oss for, var jo allerede rettet opp i ... og vi hadde fremdeles over et døgn igjen av fristen for å rette opp i ting! De var åpenbart ikke ute etter å veilede oss til å bli bedre – de var ute etter å knuse oss ... og de var nok temmelig sikre på at det var nettopp det de ville oppnå – ellers hadde de ikke lagt seg såpass i selen for å sikre seg nettopp det. Hvilken liten bedrift er det vel som overlever et slikt bomberegn som dette – ingen! Vel, nesten ingen ... vi overlevde..

Jeg snakket med norsk presse stort sett hele tiden mens vi var i Danmark – med unntak av da vi satt i møter. Vi gjennomførte møtene – tre advokathus og to callsentre. Det ene av callsentrene møtte ikke, men det var like greit – de andre møtene dro ut. Cato hadde holdt på med å finne de riktige samarbeidspartnerne i et par måneder og hadde lykkes i å planlegge et tett program – akkurat slik det bør være. Vi fortalte danskene om det norske mediesirkuset og de ristet oppgitt på hodet – samtlige. Det var godt å få støtte, bare synd at vi måtte utenlands for å finne den..

Planen var å etablere oss i Danmark og å få danske ressurser til å være utførende. Selv hadde vi tenkt å administrere og styre arbeidet fra kontoret i Haugesund. Vi hadde en veldig sterk administrasjon der og jeg var temmelig trygg på at de var klare for å påta seg enda flere oppgaver og enda mer ansvar.

IT-systemene våre skulle være i stand til å håndtere det hele, men det var tydelig at vi også i Danmark, som i England, måtte ha en ny type nettsider – heldigvis virket behovet å være temmelig likt for de to markedene. Dermed hadde vi input fra begge steder for å få på plass de nye sidene. De måtte være lettfattelige, oversiktlige, interaktive og de måtte generere engasjement. Vi hadde sett behovet for alt dette etter at vi var i London, men nå fikk vi en større forståelse for behovet.

Første gangen det smalt om Dieselgate i mediene, hadde Cato og jeg vært i London. Vi to og Eriksen satt i møte med et advokathus i City, da en journalist fra Finansavisen ville ha tak i meg. Han mente vi sammenlignet straffen for drap i Norge og USA – i USA hadde de dødsstraff, sa han – han lot den henge litt i luften, før han la til at det hadde vi ikke i Norge. Han mente åpenbart at vi var fullstendig idioter – og min mening om ham var temmelig sammenfallende ... i mitt hode en gjennomført møkkamann.

I England, eller mer presist, på et av de mange fasjonable advokatkontorene i City of London, var de svært klare for å samarbeide med oss. Dette stod altså i en temmelig ekstrem kontrast til telefonen fra en pågående og nedlatende norsk journalist, som uten hemninger lot det skinne gjennom hvor lite vi var verd. Han publiserte artikkelen sin i kjent stil, full av feilsitater og den slags ... vi ble ikke lenger særlig overrasket av slikt.

Uansett – etter turen til London, engasjerte vi Iversen Skogen Reklamebyrå for å få satt opp nye nettsider. Cato kjente godt en av designerne der – Ross. Han skulle være flink – mer trengte ikke jeg å vite for å ta et møte med dem. Vi bestilte de nye nettsidene i det samme møtet ... og dermed var følelsen av at vi var på overtid på plass. Dette var såpass viktig for oss, at det var ikke tid for utvikling – de burde egentlig bare definere det, for så å publisere det. Utvikling er noe dritt – det tar tid..

Iversen Skogen hadde også noen flinke tekstfolk – Blytekst. Vi bestemte oss for å bruke dem på en del av infoskrivene våre – det ville kanskje hjelpe oss til å nå ut på en bedre måte, eller til å konvertere lesere til kunder, som det vel egentlig heter. Vi skulle gjerne vært 100 ansatte og på den måten fått ferdigstilt prosjektene mye kjappere enn i dag, men det ville vært så fryktelig dyrt.. Tenk om de som ville ha hjelp kunne melde seg på de ulike sakene på egenhånd? De ulike prosjektene ville båre bli rimeligere og raskere å gjennomføre – dette var absolutt noe vi måtte få til..

NÅ NÅR KLAGEHJÆLP APS var på plass, stusset vi over hvorfor det engelske datterselskapet enda ikke var på plass; Consumer Complaints Action Group Ltd. Vi hadde jo holdt på med etableringen i England mye lenger enn Danmark ... la oss holde oss til mitt tidsaspekt ... så det var garantert noe som hadde hengt seg opp.

Navnet ... Consumer Complaints Action Group ... det skulle være mye bedre enn Complaint Help, Help Win Back eller noe slikt. Engelskmennene er visst svære til å presentere selskapene sine med initialer og CCAG ville passe godt inn i en engelsk setting. Det var uvant å tenke seg at Klagehjelp skulle hete noe såpass forskjellig i et annet land, men hensikten var at firmanavnet med størst mulig grad av tydelighet skulle si hva slags firma det var snakk om – nettopp derfor var Consumer Complaints Action Group å foretrekke.

Både i England og Danmark var ting annerledes enn her hjemme. Her kan vi ringe de som er berørt og tilby våre tjenester, mens i Danmark og England må publikum først ta kontakt, før du kan ringe dem. Jeg har forståelse for det – om du tenker å prakke på dem et abonnement på boxere eller strømper, men når du har tenkt å tilby dem hjelp – fordi du vet de er berørt av et eller annet galskap? Erfaringen vår er helt tydelig – de vi ikke tar kontakt med, de gjør stort sett ingen ting med saken på egenhånd. Det beste hadde jo vært om alle vi ringte sa «beklager, men dette har jeg allerede ordnet opp i på egenhånd», men slik er det ikke.

Erfaringene våre med DnB NOR Eiendomsinvest, der vi hjalp folk til å få tilbake nærmere 400 millioner kroner, er nærmest et bevis på at dette stemmer. Hadde det ikke vært for at DNB tvang hver enkelt av dem vi hjalp til å skrive under på en taushetserklæring, kunne vi nok hjulpet mange, mange flere. Gjennom taushetserklæringen, hadde kundene lovet å ikke nevne det for noen at de hadde vunnet frem mot bankkjempen. Dermed var de som ikke hadde klaget helt uvitende om det hele. Om en da tar med i beregningen alle de negative avisartiklene som var å lese om Klagehjelp i perioden, er det kanskje ikke så rart at vi kun rakk å hjelpe rundt 1 500 av de over 6 000 DNB-kundene.

Det som kanskje irriterer mest, er imidlertid Forbrukerrådets involvering, der de hele tiden rådet det norske folk til å holde seg unna oss. Selv om nær sagt alle vi hjalp altså vant frem – og de vi ikke kontaktet – de gjorde stort sett ingen ting. De som ikke tok tak i saken, de endte med å tape rundt 75 prosent av investeringen sin. Det er dypt tragisk at dette ble som det ble og det gnager i meg at vi ikke rakk å gjøre enda mer. Vi gjorde på mange måter så godt vi kunne, men en kan alltid gjøre mer..

Irritasjonen over Forbrukerrådets manipulering av de berørte kundene, som resulterte i at svært mange av dem takket nei til hjelp ... det ble så til de grader irriterende at jeg ofret et helt kapittel på det i boken «Kundene forteller», den andre boken om Klagehjelp. De DNB-kundene vi ikke fikk hjulpet, tapte hundrevis av millioner på advarslene og svertingen fra Forbrukerrådet. Etter min mening burde også disse kundene bli kompensert og for min del kunne det vært et felles anliggende for DNB og Forbrukerrådet å gjøre opp for galskapen – de sviktet kundene grovt begge to. Det hadde vært interessant å ta tak i det, det akkurat det utgangspunktet at det var DNB og Forbrukerrådet som nå burde rydde opp. En spennende tanke ... slik det lå an nå, var det de uskyldige kundene som satt med tapet – det var så feil som det kunne bli. Kanskje var det enda ikke for sent å gjøre noe?

Anywho ... vi måtte sørge for at de nye nettsidene ble engasjerende og at de genererte det en i salgssammenheng kaller leads – noen å kontakte. Dette ville trolig være den mest effektive måten å nå ut på i både Danmark og England. Dersom vi ikke nådde ut, da kunne vi ikke hjelpe noen som helst, så dette var helt avgjørende. Publikum måtte i tillegg få komme med forslag – de måtte få foreslå hvilke prosjekter vi skulle satse på. Dette var selvsagt genialt med tanke på ekspansjon – vi engasjerer det aktuelle markedet i å peke ut kursen, får dem til å sende oss i riktig retning.

I mitt hode er det helt absurd at Klagehjelp ikke allerede er en verdensomspennende organisasjon og det er nesten like absurd at jeg og gjengen vi har samlet sammen i Haugesund er med på å få det i stand. Løsningen vår burde vært der ute for lenge siden. Dette har vi også fått input om når vi har møtt folk i Danmark og England – hvorfor finnes ikke dette allerede? Det er vel kanskje derfor samtlige vi har presentert oss for, har sagt at de ønsker å samarbeide med oss? Ikke en eneste gang har vi blitt avslått. Dette vil nok skje, om vi lykkes i det vi gjør og får muligheten til å tenke videre vekst, men slik er det i alle fall frem til nå – vi føler oss litt som rockestjerner når vi presenterer selskapet. Vi bringer noe nytt – det er en like fantastisk opplevelse hver gang. Helt til vi kommer hjem igjen..

Vi måtte sørge for at de som trengte vår hjelp virkelig fant oss, deretter kontaktet oss, for at vi så kunne presentere oss selv og tjenestene våre for dem. Jeg begynte å skjønne hvorfor det predikeres så mye om markedsføring. Jeg hadde aldri sett hensikten med det – det beste er jo alltid å snakke med folk, om du vil nå frem til dem med et budskap. Det mener jeg fremdeles, men i markeder hvor de har stengt ned denne muligheten, må en altså først få publikum til å ta kontakt, før du får snakket med dem. Tungvint..

Vi skulle altså i gang med noe nytt. Midt i november fikk vi beskjed om at designet var ferdig. Ifølge utviklerne skulle de nå behøve rundt fire uker på å gjøre designet levende. I og med at vi har kommet med bestillinger av ny funksjonalitet underveis i designprosessen, var prisen allerede oppjustert med 50 prosent eller noe slikt. Det koster å være kar.

15. NOVEMBER 2016 kontaktet vi Richard, partner ved det engelske advokathuset vi hadde engasjert for å få det engelske datterselskapet på plass. Det viste seg å være et par detaljer som gjenstod for å få ferdigstilt registreringen av Consumer Complaints Action Group Ltd. I løpet av uken fikk han gjort siste finish på papirene – og så var det å vente på at ting gikk seg til.

1 **7. NOVEMBER 2016** hadde Klagehjelp sitt
første – og, om de høyere makter står oss bi,
også sitt siste – møte med selveste
Forbrukerombudet. Vi hadde fått en e-post fra
dem 10. november, der de i løpet av 5 sider «<u>ber
om svar snarest mulig og senest innen 15.
november 2016.</u>» 5 dagers frist var jo et hav av
tid i forhold til første gangen vi hørte fra dem, så
vi hadde fått unnagjort alt som var av forarbeid
lenge før fristen begynte å nærme seg. Til alt hell
kom det ingen pressemelding om hvor
forferdelige vi var denne gangen – dette måtte
da tolkes utelukkende positivt.

Et av de noe mer spennende punktene denne
gangen, var at Forbrukerombudet ville ha
bekreftelse fra vår regnskapsfører på at vi
virkelig hadde hjulpet så mange mennesker som
vi hevdet og at de virkelig hadde fått igjen så
mye penger som vi påsto. I brevet av 10.
november stod det: «<u>Vi ber om en skriftlig</u>

<u>bekreftelse fra regnskapsføreren for at de oppgitte tallene er korrekte, snarest mulig og senest innen den 15. november 2016.</u>» Regnskapskontoret var kanskje en smule overrasket over at Forbrukerombudet ikke hadde tillit til opplysningene vi gav dem, men jeg var mer spent på responsen de ville gi etter at regnskap hadde bekreftet opplysningene – vi benytter oss tross alt av et av landets største regnskapsbyrå, View Ledger, og Nargis, som har ansvar for våre regnskap, er særdeles nøyaktig – en perfeksjonist til fingerspissene. En temmelig fornuftig egenskap hos en regnskapsfører synes nå jeg..

Dagen før møtet ringte Nargis meg og fortalte at ombudet hadde tatt kontakt for å snakke gjennom bekreftelsen de hadde mottatt. Det hadde ikke vært noen problemer, hun syntes bare oppringningen hadde vært litt utenom det vanlige og tenkte at jeg kanskje ville vite at de hadde tatt kontakt i forkant av møtet – selvsagt ville jeg det..

Da Forbrukerombudet la ut pressemeldingen om Dieselgate-markedsføringen vår, hadde den opprinnelige Dieselgate-advokaten vår vært snar med å sette oss i kontakt med Grette - et advokatkontor som skulle være eksperter på markeds-føringsloven. De hadde bistått oss rundt brevvekslingen med Forbrukerombudet siden og det var også naturlig at vi inviterte dem med i møtet med ombudet. Dermed stilte Cato og jeg sammen med to Grette-advokater og møtte Forbrukerombudet i deres fasjonable kontorer i Nydalen i Oslo.

Vi hadde vært tidlig oppe og kjørte fra meg i 6-tiden om morgenen. Flyet fra Haugesund gikk 07:10. Møtet var ikke før 09:30 og vi stod utenfor lokalene i Nydalen en god halvtime før vi trengte. Etter å ha trasket litt rundt i området, troppet vi opp på kontorene deres et kvarter før møtestart.

Christian Halvorsen, juridisk rådgiver, kom ganske kjapt og tok imot oss. Advokatene våre var ikke kommet enda, men Halvorsen førte oss til et stort, flott møterom, hvor vi fikk rigge oss til. Jeg spurte ham om det var greit at jeg filmet møtet, slik at vi slapp å styre med notater og i stedet kunne vie oss fullt og helt til selve møtet. Jeg måtte spørre sjefen om dette.

Jeg hadde pakket med hele studioet, bortsett fra plakaten med den nye logoen vår. Det vil si, jeg hadde med videokameraet og stativet. Vi hadde en tanke om at dersom møtet ble filmet, ville ikke ombudet kunne ta en 180-grader og fortelle en helt annen historie i ettertid. Vi hadde nemlig erfaring på dette området. Vi hadde vært i møte med Forbrukerrådet i slutten av 2015 og dette var et møte vi i ettertid skjønte at gjerne burde vært fanget på film. Den gang hadde Torgrim, som da satt i styret i Klagehjelp, og jeg sittet med to advokater vi hadde med oss fra Hjort, sammen med en jurist og fagdirektøren for finans, Jorge Jensen – de to siste fra Forbrukerrådet. Både Torgrim og jeg var veldig positive etter møtet, helt til vi så hva Jorge Jensen la ut i en pressemelding et par uker senere – det å få møtet på film ville forhindre et slikt stunt.

Et par minutter senere ankom Frode Elton Haug, juridisk direktør hos Forbrukerombudet. Jeg fikk klar beskjed om at noe filming ikke var ønskelig, så kameraet måtte bli liggende i vesken. Pokker.. Ble nektet å dokumentere møte med offentlig instans – jeg lot den ligge.

Klokken ble 09:30, men advokatene var ikke kommet. Vi dro i gang møtet med en liten innføring i Forbrukerombudets arbeidsoppgaver. Halvorsen og Haug var trivelige karer. Jeg hadde, utfra brevvekslingen og medieskriveriene, forventet to unge, flotte Bærumsgutter i 30-35-årsalderen. De var overraskende nok ikke fra Bærum, men resten så ut til å stemme.

Jeg er nok ikke alene om å ha en oppfatning av at enkelte offentlige posisjoner fungerer svært godt som springbrett til langt større posisjoner – en må bare gjøre seg bemerket ved å vise besluttsomhet og handlekraft.

Forbrukerombudet, Finanstilsynet ... det er mange muligheter. En bør imidlertid bli guidet inn i slike stillinger i temmelig ung alder, slik at en når høyt nok før en blir for gammel. Det var derfor jeg hadde tippet at de var Bærumsgutter. Jeg tror nok at de begge sikter høyere enn å sitte med nitid oppfølging av hvor et selskap plasserer bestillingsknappen på nettsiden sin – det var tross alt dette som var den utløsende årsaken til at de i det hele tatt tok kontakt med oss ...

eller ... det var i alle fall det som var
påskuddet.. De virket absolutt oppegående,
begge to. Det blir spennende å se hvor de
befinner seg noen svinger lengre frem..

Da Grette-advokatene kom, tok møtet fatt. Vi
startet med en kort hilserunde, hvor Cato og jeg
sørget for å få lagt inn hele Klagehjelp sin
historie i komprimert utgave. Et snev av
virkelighetsorientering kunne da ikke skade.

Forbrukerombudet kunne i møtet bekrefte at alt
hva markedsføringen angikk, nå var i orden.
Klagehjelp og jeg personlig slapp altså bøter for
bevisst kriminell aktivitet, eller hva det nå var –
det var jo en lettelse. I et av brevene var ikke
bare selskapet, men også jeg personlig, blitt
forespeilet solide, dog ikke tallfestede, bøter om
vi ikke fikk skikk på markedsføringen vår. Og
det meste hadde altså med denne
bestillingsknappen vi hadde hatt foran og ikke
bak selve kontrakten på nettsiden vår – verden
er merkelig.

Det er skummelt å tenke på hva slags makt en
tillegger visse mennesker, for så å la dem
operere temmelig fritt i forvaltningen av
denne makten. Vi må jo ha ordninger, men det

er åpenbart ikke slik at alt fungerer, bare vi har et slags system for det hele. Personene som sitter med styrespaken, de har ekstrem innflytelse.

Og det at knappen hadde havnet foran og ikke bak kontrakten, det var selvsagt bare en tilfeldighet. Jeg hadde slengt over en bestilling til Stokkenes i Adrenasoft i en eller annen sammenheng, om at kundene burde ha muligheten til å melde seg på via nettsiden vår. Vi hadde diskutert litt frem og tilbake og så fikset han det. Om knappen var her eller der, det funderte jeg ikke på en gang – hensikten var at folk skulle få melde seg på direkte, på eget initiativ. Nåja..

Avtalevilkårene var fremdeles problematiske. Dieselgate fungerte på denne tiden slik at de som meldte seg inn i spleiselaget, betalte en engangsavgift på 3 750 kroner. Dette dekket da hele deltakelsen, fra start til slutt, uavhengig av hva som måtte skje underveis.

Dersom det juridiske gravearbeidet konkluderte med at en *kunne* vinne frem ved en mulig rettsak, var tanken å sette en frist eksempelvis tre måneder frem i tid. På den angitte datoen, ville vi så melde inn et gruppesøksmål på vegne av samtlige deltakere i spleiselaget. Vi ville sette datoen noe frem i tid, slik at vi fikk tid til å hente inn flest mulig av nølerne – de som var interesserte, men som ville vente til det juridiske gravearbeidet var ferdig. Det er utrolig hvor mange som er komfortable med å sitte på gjerdet, mens andre finansierer forarbeidet.. Gerhardsen hadde kanskje ikke total gjennomslagskraft likevel..

Dersom det imidlertid ble konkludert med at saken *trolig ikke* ville vinne frem rettslig, skulle arbeidet avsluttes. I så fall ville deltakerne få tilbake hele 80 prosent av innbetalt beløp.

Selv syntes vi dette var en temmelig raus ordning, men dette var altså ikke godt nok for Forbrukerombudet. De mente deltakerne betalte alt for mye ved oppstart. Hva om arbeidet tok flere måneder – hva om vi gikk konkurs på veien? Det hadde vært mye triveligere for alle parter – bortsett fra oss da – om vi i stedet tok betalt når saken skulle i retten, eller noe slikt. Problemet med en slik ordning var imidlertid at det koster å ha advokater og egne ansatte i sving med å grave. Det koster selvsagt også å ha ansatte til å hente inn deltakere fra oppstart og frem til en mulig rettsak.

Det som imidlertid kostet vel så mye disse månedene, var salærene til alle de advokatene som hjalp oss med å kommunisere med Forbrukerombudet rundt alle de justeringene de påla oss. IT-systemet vårt er utviklet av et lite selskap, Adrenasoft, som så seg nødt til å hente inn ytterligere ressurser for å kunne levere tidsnok – to indere sitter nå og jobber fulltid med Klagehjelp-funksjonalitet, i tillegg til Stokkenes i Adrenasoft. Vi inngikk først en 3-måneders kontrakt for de to inderne, og antok med det at det meste skulle være gjort. Utgiftene hadde steget til et relativt høyt nivå, men ... det kunne etter hvert se ut som om inderne var kommet for å bli. Akk..

Det å få regnskap til å verifisere hvor mange kunder vi hadde hjulpet gjennom en periode på over 3 år, var heller ingen rimelig oppgave. I alle fall ikke med tanke på at vi har brukt eksisterende regnskapsbyrå siden juli 2014. De vi hadde før, viste seg helt ute av stand til å håndtere et selskap i rask vekst ... antakelig var de ute av stand til å håndtere noen som helst. Jeg har ikke sjekket i ettertid, men det ville overraske meg om de fortsatt eksisterer ... så vi byttet over til noen som kan håndtere oss både her hjemme og i utlandet – View Ledger. For oss var det som å komme fra ingen ting og inn i noe fantastisk – de er slett ikke rimelige, men de er veldig flinke og vi har ingen ambisjoner om å erstatte dem med noen andre.

Det som likevel slo inn mer enn noe annet, var hvordan Forbrukerombudet valgte å håndtere det hele. Det at de ikke bare sendte ut en pressemelding mens vi fremdeles hadde et døgn igjen av den opprinnelige fristen, men at de i tillegg valgte å tipse alle landets redaksjoner om dette og på den måten fikk organisert en gedigen skittstorm mot oss, det slo inn på verst tenkelige måte:

- Antallet mennesker vi måtte være i kontakt med for å få inn en ny deltaker, steg markant.

- Antallet ansatte sank betraktelig – de som falt fra, ble skremt bort av mediestøy og negative personer i andre enden av

28

telefonen – akkurat de samme tingene som skremte deltakerne.

■ At volumet måtte opp per nye deltaker, samtidig som at antallet ansatte sang ... selvsagt resulterte dette i at antallet nye kunder sank – det er jo begrenset hvor mange en redusert bemanning er i stand til å komme i kontakt med i løpet av en arbeidsdag.

■ Andelen av nye kunder som faktisk betalte for seg sank også. Etter å ha mottatt informasjon, googlet de gjerne litt og fant et hav av skitt – ikke minst fra Forbrukerrådet og nå også Forbrukerombudet.

Det hadde altså slått inn på alle disse fire områdene, som alle virket til å sette selskapet i en vanskelig situasjon.

I juli og august registrerte vi henholdsvis 634 og 784 nye kunder og innbetalingene var på rundt tre millioner kroner månedlig. Dette var altså like før spetakkelet tok til.

I oktober og november, etter at vi var blitt uthengt i mediene, registrerte vi under

*halvparten så mange deltakere som
månedene før og innbetalingene sank til ned
mot én million kroner månedlig.*

Isolert sett var det fremdeles mange kunder og
mange penger, men vi var vokst til en stor
organisasjon og vi brukte store summer på
advokater som arbeidet med de ulike
prosjektene vi var engasjert i. Innsatsen stod i
stil med det kundetilsiget vi var vant med, så
denne plutselige og veldige reduksjonen, stilte
oss i en vanskelig situasjon. For ... samtidig med
at antallet ansatte, antallet kunder og summen
av innbetalinger sank, økte kostnadene for bruk
av advokater, regnskapspersonell og utviklere
drastisk. Antakelig var alt dette akkurat som
bestilt – men det var ikke bestilt av oss. Det
kunne nesten virke som om noen med litt makt
og relasjoner ønsket oss slettet fra kartet.

Merkelig nok hadde Skatteetaten i forkant holdt
tilbake momspenger for to momsperioder – de
skyldte oss hele to millioner kroner! De hadde
satt i gang momsettersyn for et par
momsperioder. Med all sin iver etter å snu å
vende på hver en sten i den nye gjennomgangen
av regnskapene våre, hadde de imidlertid ikke

30

funnet noe kritikkverdig. Tenke seg til – dette er eksperter på å finne dritt ... og så fant de ikke noe? For å imøtekomme deres iver etter å avdekke feil, måtte vi sette regnskapsfolkene våre til å rapportere om alt mulig som allerede var innrapportert gjennom regnskapssystemet. Som nevnt benytter vi oss av View Ledger – et av de største byråene og selvsagt har de også et av de aller beste regnskapssystemene, men nei da ... i og med at de hadde satt i gang ettersyn, måtte alt dokumenteres på nytt, samt at det måtte rapporteres, bekreftes og Gud vet hva på alskens måter. Regnskapsfolkene våre hadde mye å gjøre. Dette måtte selvsagt vi betale for – selv om ettersynet bare endte med en godkjenning av alt som allerede var innrapportert.

Selv etter at alt var godkjent, lot pengene våre vente på seg. Skatteetaten satt og ruget på to millioner kroner – våre to millioner – vel og lenge før de omsider fant det for godt å utbetale disse. Timingen var alt annet enn perfekt ... for oss. Selvsagt var det kun tilfeldigheter som gjorde at alle disse tingene skjedde samtidig, men behagelig var det ikke. Jeg informerte hovedaksjonæren, InvestorPartners AS, om saken og la frem situasjonen for dem. InvestorPartners er ikke noen ny, mystisk hovedaksjonær – det er bare Flaaten Invest, investeringsselskapet jeg selv etablerte noen år tidligere, som har endret navn. Vi er en relativt stor gruppe aksjonærer i selskapet, så det var ikke lenger naturlig at selskapet het Flaaten Invest. De sammenkalte styret og meldte tilbake at de skulle støtte Klagehjelp i det som var oppstått. Dersom vi hadde behov for det, stod det én million kroner klar på konto. De ba meg også fortelle hver enkelt ansatt hvor mye de verdsatte dem og ba meg mane dem til å holde ut – de ville ikke miste noen. Dette var betryggende. Vi gikk inn i en periode hvor det var greit å be om forskudd – lønn som skulle tilbakebetales på et senere tidspunkt, når ting hadde lagt seg og verden var lys og vakker igjen.

Det var liksom litt for mange ting som virket inn på én og samme tid. Og oppe i alt dette var det vi som var skurken i den norske utslippsskandalen. Det var vi, Klagehjelp, som drev med fusk og fanteri – MøllerGruppen og Volkswagen ... hva med dem? De gjorde visst nok alt i sin makt for å rette på denne feilen som beklageligvis befant seg i motoren til litt under

150 000 nordmenn – i rundt 11 millioner motorer globalt. Heldigvis var både Forbrukerrådet og NAF i dialog med MøllerGruppen, slik at forbrukeren var ivaretatt. Dialog..

Hva var det Klagehjelp skulle rote oppi dette for? Det var åpenbart bare for å karre til seg noen kroner fra lettlurte nordmenn – det var på sin plass å advare mot disse kjeltringene på alle mulige vis! Samtidig informerte Forbrukerrådet – ved enhver passende og upassende anledning – det norske folk om at det bare var å henvende seg til dem om det var noe – det var i tillegg helt gratis. De nevnte ikke noe om at de hvert år får over 150 millioner kroner fra det offentlige for å drive på med sitt. Ikke nok med det, på NRK TV ruller programmet Forbrukerinspektørene, som på alle måter er en gedigen reklamekampanje for nettopp Forbrukerrådet. Jeg synes selv programmet har en verdi og at det tidvis er interessant – de få gangene jeg har sett det – men den vanvittige markedsføringen av Forbrukerrådet ble for mye for meg. Det er kanskje smålighet og misunnelse fra min side, men jeg er ganske opptatt av å unne i stedet for å misunne ... så jeg holder på mitt.

18. NOVEMBER 2016, dagen etter møtet med Forbruker-ombudet, brukte jeg mye av dagen på å dele opp Dieselgate i ulike deler. Takk og lov at vi hadde lansert tjenesten Pressgruppe noen uker i forveien. Vi hadde vært forutseende nok til å lage en tjeneste som var en lightversjon av Dieselgate. Vi kalte den bare Pressgruppe Diesel og den gikk ut på å legge press på flest mulig av de som kunne virke til at den norske forbrukeren vant frem. Litt fandenivoldsk hadde vi lagt inn både Forbrukerrådet, Forbrukerombudet og NAF på mottakerlisten av oppropet, som skulle sendes ut på vegne av hver enkelt pressgruppedeltaker. De kom nok ikke til å like det, men det var helt på sin plass at de ble oppfordret til å engasjere seg for den norske forbrukeren. Det er jo, i alle fall i utgangspunktet, nettopp derfor de eksisterer!

Vi hadde allerede hentet inn noen hundre deltakere til pressgruppen, men Adrenasoft og inderne hadde ikke kommet i gang med å tilrettelegge systemet enda. IT-systemet vårt var i ferd med å bli en mastodont og når inderne i begynnelsen av måneden hadde begynt å jobbe med det, hadde de temmelig kjapt blitt enige med Adrenasoft om at de burde gjøre justeringer for å legge til rette for at flere kunne utvikle samtidig – blant andre ting. Fiks det, var meldingen fra meg, og med det var inderne kommet for å bli – det var mye å ta tak i.

Vi kunne selvsagt ikke vente på at systemene skulle bli klare, så vi gjorde som så mange ganger før – vi håndterte det hele ved hjelp av Excel og Word inntil videre – takk Gud for Bill Gates.. Infoskriv og alle andre nødvendige dokumenter ble skrevet ut i hopetall og fylte opp hyllemeter på hyllemeter rundt om lokalet vårt. Fakturaene ble som vanlig produsert i regnskapssystemet og alt sammen ble sirlig lagt i konvolutter og sendt ut til de som meldte seg på ... men oversikten, den hadde admin, og særlig da Eli, kontroll på – Excel er og blir et fantastisk verktøy. Men ett var vi nesten tilbake til begynnelsen, da alt ble styrt ut fra et Excel-ark. Samtidig gjorde utviklerne hva de kunne for å ta igjen virkeligheten.

Dette er en del av tilværelsen i Klagehjelp. Når vi lager noe nytt, er dette i utgangspunktet et tankespinn, en idé. I planleggingen brukes stort sett penn og papir, tavler ... før det går over til Excel og etter hvert Word. Når ting er temmelig klart, melder jeg fra til IT om hvordan jeg vil ting skal virke. Forventningen min er at de temmelig kjapt skal få det opp og gå, men det tar alltid tid. Dermed rulles ting stort sett ut manuelt i første omgang, mens utviklerne river seg i håret og prøver å ta oss igjen.

Det sies at tålmodighet er en dyd, men jeg mener at det stort sett er en last. Jeg har sett for mange tålmodige bedriftseiere gå konkurs, mens de sitter og venter på at ting skal gå seg til ... at suksessen skal komme og banke på døren. I virkeligheten har en stort sett ingen tid å miste – en må haste på forover.

Dersom vi hadde hatt enorme kontoer, kunne vi gått frem på en annen måte. Vi kunne utviklet i ro og mak, for så å lansere ting når de omsider ble klare og funnet frie for bugs – men slik er det ikke. Vi har en filosofi om at vi skal tjene pengene før vi bruker dem. Klagehjelp har aldri hatt en krone i lån fra noen bank. I og med at vi har jobbet såpass hardt mot en rekke norske banker, er det vel kanskje tvilsomt om noen av dem ville ytt oss et lån heller, men vi har i alle fall klart oss uten.

Og, igjen, dette med å utvikle i ro og mak og ta seg all verdens tid – det strider imot alt jeg står for. Effektivitet er en dyd og fokus må alltid ligge der fremme – ellers kommer en aldri dit. Klagehjelp har store planer om hva vi skal utrette for våre kunder – både her hjemme og ute i den store verden – og om vi skal ha noen som helst mulighet for å klare å realisere disse planene og drømmene våre, da må fokus ligge der fremme. Vi må våge å håpe og drømme om store ting ... og vi må gi alt hva vi har for å komme oss dit. Vi skal tross alt være verdens største klageorganisator! Kanskje er vi det allerede – men vi skal i alle fall være det!

Vi brukte trolig over 50 000 kroner bare i porto den første måneden, men vi kunne ikke stoppe opp og vente på at ting skulle automatiseres. Vanligvis forsøker vi å sende ut det meste av informasjon per e-post. Både med tanke på tiden det tar, regnskog og mer, er dette å foretrekke ... men nå var vi et godt stykke foran systemet, så da ble det til at printeren gikk på høygir og spydde ut papirer dagen lang.

Pressgruppe var et langt rimeligere alternativ enn den opprinnelige Dieselgate og vi så også for oss løsninger der vi med utgangspunkt i pressgruppene kunne la kundene skreddersy bestillingene sine, ved å legge til elementer utover et grunnelement. Det hele var veldig spennende – ikke minst med tanke på at dette burde kunne være temmelig anvendelig overfor utlandet.

Vi var blitt enige med Forbrukerombudet om at vi skulle sy opp en løsning der kundene var med på et grunnelement, for så å gjøre de tilvalg de selv ønsket. Dette skulle vi få til i rekordfart – løsningen var allerede på plass rent mentalt, men det kunne være en tanke å få en advokat til å se over kontrakten – vi valgte Eurojuris i Haugesund. Vi hadde brukt dem på en rekke ting tidligere og de har aldri skuffet i leveransen – de er dyktige og effektive. De er slett ikke rimelige, men likevel rimeligere enn samtlige av Oslo-advokatene vi har benyttet oss av – og dem er det etter hvert temmelig mange av.

Etter at kontrakten var på plass, måtte infoskriv, salgsskriv, samtalemal og alt slikt på plass. Som vanlig var det nok å henge fingrene i.

Det er viktig å ha det travelt, en venner seg til å være effektiv og å få ting unna. Jeg har brukt for mange timer på å finjustere hvilke farger de ulike cellene i et Excel-ark skal ha – det handler om å få ting unnagjort, slik at en kommer i gang med neste oppgave. Skal en vokse, må en være effektiv. Har en for mye tid til grubling og lediggang, flyttes gjerne fokuset over på alle grunnene til at en burde gi opp og heller begynne i det offentlige. Det norske samfunnet har etter mitt hode en alt for mange offentlig ansatte – om en tenker inn alle de som mottar lønnen sin fra stat, kommune og statseide selskap, snakker vi visstnok like i underkant av 40 prosent av den yrkesaktive befolkning. Hårreisende..

ENGLAND PÅ PLASS

21. NOVEMBER 2016 fikk vi endelig meldingen fra London om at det engelske datterselskapet vårt var på plass. Samme dag fikk vi også vite at de nye nettsidene skulle være 10 dager unna – i norsk versjon vel og merke. Som seg hør og bør, feiret vi ved å legge ut en videosnutt på Facebook og YouTube – 44 sekunder denne gangen: <u>Consumer Complaints Action Group</u>

Klagehjelp AS fra Haugesund hadde nå datterselskaper i både Danmark og England. Dette var smått fantastisk. Riktignok hadde de ikke generert annet enn kostnader så langt, men vi hadde uansett kommet et godt stykke. Dersom de nye nettsidene virkelig ble levert i løpet av 10 dager, ville arbeidet med engelske sider kunne komme i gang før året var omme – strålende.

Først når nettsidene var på plass i de nye markedene, kunne vi begynne å høste. Det ville bli en helt ny tilværelse, når inntjening kunne komme også utenfra og ikke kun fra den værharde gjengen vi hadde fått bygget opp i Haugesund. Himmel og hav så viktige de var – uten dem kunne vi ikke fått til noe av det vi kjempet for. I gode og onde dager heter det – de siste månedene hadde vi virkelig fått testet oss og enn så lenge hang vi godt sammen i skøytene. En fantastisk gjeng..

Eriksen, vår mann i England, var mer enn klar for å komme i gang. Han hadde nylig sendt over en sak hvor det var dokumentert at en rekke bensin- og dieselbiler brukte mer drivstoff i virkeligheten enn hva de var blitt markedsført med.

I testsammenheng var det blitt jukset og manipulert på mange vis; blant annet ved å herde gummien og fylle ekstra luft i dekkene, fjerne vindusviskere og utvendige speil, ha minst mulig drivstoff på tanken – det var en rekke justeringer som var gjort med bilene for å tyne forbruket mest mulig ... justeringer som gjorde at testene fremstod som alt annet enn reelle. Det var visst konkludert med at engelskmenn flest hadde over 4 000 kroner årlig i ekstra drivstoffutgifter basert på de manipulerte testene. Cato tok tak i rapporten og hentet frem ytterligere dokumentasjon ... og gav seg i kast med å finne frem til hvilke biler en hadde ettergått.

De engelske sidene kunne ikke ferdigstilles kjapt nok – de skulle vært der i går ... samtidig hadde vi nettopp fått skissert opp en ny tjeneste for det norske og danske markedet – i tillegg til det engelske. Forbrukerne hadde vært ført bak lyset i årevis og selv om det kom en artikkel som kanskje enkelte av dem var i stand til å fange opp, var det langt derfra til å faktisk kunne sette sammen en pressgruppe, sterk nok til å vinne frem. Det virket helt åpenbart at de hadde rett på kompensasjon, men som alltid ... man får ikke noe som helst uten å be om det. Og ... det er ikke alltid nok å be – ikke rent få ganger må man stille muskler bak kravene..

Klagehjelp så absolutt ut til å være et selskap som kunne operere i flere markeder. Det var ikke bare i Norge at forbrukeren innfant seg med å bli lurt. Overfor de store aktørene, føler man seg maktesløs – om man er norsk, dansk, engelsk ... det kunne virke som om dette gjorde seg gjeldende over alt. Man orker ikke ta opp kampen på egenhånd og man orker heller ikke gå i bresjen for å få samlet sammen nødvendig antall til å bli hørt. Nettopp her er det vi har funnet vår misjon – det er nettopp her vi kan bidra!

Med de engelske sidene på plass, kunne vi selvsagt betjene langt flere land enn bare England, så det var spennende tider. Det var veldig hyggelig at de engelske sidene nå var klare – nå gjaldt det å holde trykket oppe.

MERKUR MARKETS

DET VAR IKKE MÅTE PÅ NYHETER den 21. november 2016. E24 hadde en liten artikkel, <u>Merkur-selskap i pengetrøbbel</u>, hvor en kunne en lese at Black Sea Property AS var havnet i en økonomisk skvis – de manglet visst 2 millioner euro for å ferdigstille prosjektet sitt.

Styreleder var min gamle sjef fra tiden i finans, Melkevik. Sentral var også en Håvard Lindstrøm, som var kontaktperson hos en av leverandørene våre da vi jobbet i finans, nemlig Orkla Finans – som senere ble slukt inn i Pareto.

Overtakelsen var ikke så enkel å få med seg. Planen hadde nok vært klar fra utgangspunktet, men de hadde manøvrert på kyndig vis for å utkrystallisere ansvar – veldig likt Acta sin håndtering helt fra de første problemene oppstod og frem til Blackstone kjøpte dem.

Orkla Finans hadde flyttet mye av ansvaret sitt over til Vilfredo Kapitalforvaltning, gjennom et navneskifte. Dermed virket det som om Orkla Finans forsvant fra jordens overflate idet finanskrisen slo inn. Det hele var temmelig merkelig, for Orkla Finans hadde vært bindelettet mellom det store, mektige meglerhuset Pareto og alle de små, frittflytende finanskontorene rundt om i det ganske land. Enorme summer ble hentet inn til Pareto gjennom knytningen med Orkla Finans – og Håvard Lindstrøm var stort sett det eneste navnet vi i de mindre finansselskapene visste om i Orkla Finans. Han var en viktig mann.

Idet krisen kom, forsvant altså Orkla Finans fra kartet, men de som lette, fant ut at hunden nå ble kalt Vilfredo Kapitalforvaltning. Med dette enkle grepet, falt mange av de potensielle klagene bort – det var blitt litt vanskeligere å finne frem til dem.

Pareto – de hadde selvsagt ingen skyld i noe som helst, men om en i dag undersøker litt ... da finner en ut at regnskapsføreren til Vilfredo Kapitalforvaltning heter Pareto

Business Management AS ... og ... Pareto AS eier SAMTLIGE av aksjene i Vilfredo! De er altså et selskap som helt og fullt er eid av Pareto AS – et av landets største meglerhus.

En annen ting, som kanskje ikke er helt opplagt, er at Pareto er oppkalt etter en fransk-italiensk sosiolog, økonom og filosof. Pareto var etternavnet hans. Fornavnet hans? Vilfredo! Hans fulle navn var Vilfredo Federico Damaso Pareto, han var født 15. juli 1848 i Paris. Pareto mente blant annet at en stabil samfunnsstyring forutsatte en kombinasjon av list og overtagelsesevne på den ene siden, og vilje til maktbruk på den andre. En herskende elite må være både rev og løve. På Wikipedia (https://no.wikipedia.org/wiki/Vilfredo_Pareto) kan en lese følgende om hans tankesett:

Historiens dynamikk består ifølge Pareto i at en løve-elite, beredt til å benytte vold, griper makten. Som følge av dens manglende evne til å fremme samtykke, må revene etter hvert få plass blant de styrende. Når de til slutt helt har erstattet løvene, blir et nytt løvekupp aktuelt. Dette er grunnlaget for Paretos tese om elitesirkulasjon, den evige veksling mellom en systembevarende og en nyskapende elite, der de egenskapene som utvikles gjennom konsolidering av posisjoner står i strid med de egenskaper som maktens erobring krever.

Som økonom er Paretos navn knyttet til økonomisk effektivitet. En tilstand er pareto-optimal hvis ingen kan få det bedre uten at noen samtidig får det verre.

Jeg er usikker på hvorfor Pareto ble oppkalt etter nettopp denne mannen, men det er kanskje mest det siste – at ingen kan få det bedre, uten at noen andre samtidig får det verre. Pareto har i alle fall realisert velstanden sin nettopp med basis i dette.

Det er selvsagt fascinerende at de brukte fornavnet til Pareto som navn på skalkeskjulet sitt, Vilfredo Kapitalforvaltning. Det er nesten som å synde på høylys dag.. Kanskje det var nettopp derfor – for å vise hvor vågale og tøffe de var.

Pareto var svært involvert i mange av de giftigste finansproduktene som ble solgt til hvermannsen i årene før krisen og de tjente trolig milliarder på dette. Meg bekjent har de ikke gjort opp for seg overfor noen av kundene – de har kyndig navigert seg gjennom alt som har vært og har stort sett klart å holde seg helt i skyggen og utenfor synsflaten til de som har sett etter syndebukker. De som fikk skylden, var gjerne den enkelte rådgiver, den nyttige idioten som gjorde det faktiske salget til sluttkunden. De som sydde sammen det hele, mønstret selgerne og dro inn de store summene – de holdt seg viselig i bakgrunnen og unngikk publisitet.

Da krisen kom, gikk de over til å bistå selskaper med børsnotering, emisjoner og den slags. Også der endte det stort sett med enorme tap, men Pareto sikret seg sine svimlende honorarer. I regnskapene for 2015, kan en se at de hadde over 1 milliard kroner i resultat, samt at de hadde samlet sammen over 5 milliarder i egenkapital.

Eieren, Svein Støle, og noen andre investorer kjøpte selskapet for 50 millioner kroner i 1992. Han er i dag en av landets rikeste og selskapet hans er også et av landets mest vellykkede. De burde riktignok, etter min mening, ha gjort opp for seg overfor alle de kundene de beriket seg på i opptakten til finanskrisen. Det er mulig de burde kompensert en del av de som har blåst pengene sine gjennom megleranbefalingene også, men dette har vi ikke satt oss ned med enda.

Jeg ble, helt tidlig i Klagehjelps historie, oppringt fra en ukjent mann og frarådet å tulle med Pareto-gjengen. Dette var visstnok folk vi burde holde oss unna, om vi hadde lyst å leve lenge i landet..

Tilbake til Merkur Markets og Black Sea Property. Black Sea Property var et nytt selskap, stiftet i 2015, og de var notert på Merkur Markets – en markedsplass underlagt Oslo Børs, som ble lansert i 2016. Vel ... nytt og nytt ... innholdet var gammelt. Selskapet Aheloy Beach Commercial AS var registrert i Brønnøysundregistrene den 28. april 2007. Dette var midt i den perioden hvor alskens eiendomsfond så dagens lys og som så mange ganger før, var det nettopp Pareto som var tilrettelegger. Gjennom Orkla Finans, og direkte gjennom Pareto, var det et mylder av finansrådgivningsselskaper som kjempet om å hente inn investorer til denne nye, unike muligheten. Bulgaria var på veg inn i EU og det var ingen grenser for hvor høyt eiendomsprisene kunne, og etter all sannsynlighet ville, komme til å stige. Løp og kjøp!

Jeg jobbet den gang i Norsk Privatøkonomi og vi var blant dem som hentet inn kunder til selskapet. Basert på artikkelen Jakter 100 mill. fra NE nyheter den 26. mars 2008, kan en vel anta at det ble hentet inn i overkant av 200 millioner kroner til prosjektet.

Jeg husker at vi merket finanskrisen helt i slutten av 2007, så hvordan Pareto klarte å hente inn mange millioner av friske kroner til en temmelig stiv kurs langt ute i 2008, det er en bragd, en temmelig uforståelig bragd – selvsagt ikke en bragd som gagnet noen av investorene, men ... en prestasjon i alle fall. Grusomt, absolutt, og jeg tror nok at samtlige av de som hentet penger inn den gangen, skulle ønske at de hadde holdt på med helt andre ting.

Med tanke på at finanskrisen var i emning, er det kanskje ingen stor overraskelse at det gikk særdeles dårlig også med dette eiendomsfondet. Den 25. mars 2009 la NE nyheter ut artikkelen Østeuropeisk eiendomsfiasko, hvor en kunne lese at flere av Paretos satsninger ble omsatt med en rabatt på mellom 60 og 70 prosent – blant annet Aheloy Beach Commercial.

Hvordan det har seg at et knippe kloke hoder, flere av dem med fortid fra finansbransjen, fant ut at de skulle samle sammen flest mulig Aheloy Beach Commercial-aksjer i det 2015-registrerte selskapet Black Sea Property og få dette inn på den nyetablerte Merkur Markets, det vet jeg ikke, men jeg ville ikke være særlig overrasket om initiativtakerne solgte seg noe ned i forbindelse med børsnoteringen og som en konsekvens av dette kom til å få sikret seg en aldri så liten slant. Hva skulle motivasjonen ellers være?

Den 31. januar 2016, la E24 ut artikkelen Dette er de syv debutantene på Oslos nye markedsplass, hvor de om Black Sea Property blant annet skrev at «administrerende direktør Thorbjørn Myhre kunne fortelle at de har fått en uavhengig verdivurdering på rundt 570 millioner kroner på prosjektet ved ferdigstillelse. Målet er å åpne førstkommende sommer.»

Den 21. november 2016 – knappe 10 måneder senere, kunne en, denne gang på E24, lese artikkelen Merkur-selskap i pengetrøbbel. Her skriver de at «Selskapet, som utvikler et eiendomsprosjekt ved Svartehavet, mangler nå estimerte to millioner euro i nødvendig likviditet for å ferdigstille prosjektet før oppstart sommeren neste år. I en børsmelding fremgår det at man vurderer salg av leiligheter «på gunstige betingelser» med fortrinnsrett, salg av opsjoner på leiligheter, låneopptak eller en rettet emisjon.»

Alt har altså ikke gått helt etter planen for Black Sea Property AS. Eller ... ingen ting har vel gått etter planen. Ifølge E24 Børs, var markedsverdien på selskapet like i overkant av 45 millioner kroner – et stykke unna de 570 millionene de flagget et knapt år tidligere, altså..

Et annet Merkur Markets-selskap som har satt preg på den unge børsen, er Oxxy Group. Selskapet er registrert på Kypros og selger programvare for design av nettsider. Ifølge 2015-regnskapet var underskuddet drøyt 25 000 euro, mens inntektene var null. Egenkapitalen var på drøyt 4 millioner kroner, mens markedsverdien på Merkur Markets var på hele 258 millioner kroner.

Følgende sak kom på DN.no den 18. august 2016: <u>Storaksjonærer fikk aksjerabatt på 98 prosent: - Dette er ikke bra, ikke bra</u>.

Det virker jo stort og flott å være registrert på børs og jeg leste selv gjennom reglementet for Merkurs Markets da markedsplassen ble åpnet. Har man vært innom finans, vil man kanskje alltid ha et snev av dragning mot børs, og jeg fantaserte litt over hvordan det ville være å få notert Klagehjelp på børs. Ved inngangen til 2016 var vi midt i en omlegging fra å være klagefabrikk til å være en klageorganisator, så det tok ikke lange tiden før fantasiene ble lagt på hyllen og hverdagen kallet – det var viktigere ting å okkupere tankene med.

Men ... om en skal adaptere John Fredriksens klokskap, slik jeg forstår den, så går den blant annet ut på at en bør holde seg til enkle forretningsmodeller og «go large». Vi har enkle forretningsmodeller i Klagehjelp og vi jobber for å bli store. Om vi skal bli virkelig store, må vi vel leke mer med børsdrømmen etter hvert. Vi har imidlertid et godt stykke å bevege oss før det ville være naturlig å tenke i de baner. Sannheten om livet i Klagehjelp er at det ikke er fullstendig forutsigbart. Selskapet endrer seg i takt med omverdenen, så ... om vi lykkes med en del av planene våre, da er vi kanskje å finne på en børs en gang, men dette er altså ikke i fokus..

Merkur Markets har vel ikke overbevist så langt. Med tanke på at vekstselskaper kan etablere seg på en børs og lettere få tilgang på kapital, er Merkur Markets absolutt spennende – forlokkende til og med. Den har imidlertid ikke klart å bygge seg et renommé – i alle fall ikke et positivt et. I grunnen ser jeg på Merkur Markets som en fin mulighet og en fin markedsplass for fremvoksende selskaper. Dermed er det også temmelig åpenbart at det er en viss risiko forbundet med å skyte penger inn i selskapene notert på denne børsen.

En kan investere i alt fra banker, til Morgan Kane og tidligere eiendomsfond, så ... det er litt av hvert å velge i. Kanskje er vi å finne der en gang i fremtiden – kanskje ikke.

FLERE FORSØK PÅ
EKSPANSJON

2 **2. NOVEMBER 2016** kom det tikkende inn en ny e-post fra Forbrukerombudet – de hadde ikke latt oss filme møtet med dem den 17. november, men de hadde fortalt oss at de skulle ta referat og sende det over til oss – nå kom det.

I referatet skrev de blant annet følgende: «Under punkt 3 i FOs e-post av 10. november ba vi om dokumentasjon for påstand om oppnådd kompensasjon for Klagehjelps kunder. Når det gjelder bekreftelse fra Klagehjelps revisor, View Ledger AS, vedrørende denne påstanden, heter det i brev av 14. november 2016, at det som følge av gjennomførte stikkprøver, er overveiende sannsynlig, at sum forlik kr 376 149 371 stemmer. Vi har således ikke grunn til å betvile at dette stemmer.» Her stod det altså svart på hvitt at Forbrukerombudet ikke hadde noen grunn til å tvile på at det vi hadde hevdet hele tiden faktisk stemte.

Fantastisk! De hadde surret litt med View Ledger, som var regnskapsføreren vår og ikke revisoren vår, men det var på deres kappe og uansett detaljer. For første gang hadde vi fått det svart på hvitt at vi hadde rett i det vi hadde påstått. Og dette kom fra Forbrukerombudet, som er over Forbrukerrådet i det offentlige hierarkiet. Forbrukerrådet er bare et rådgivende organ, mens Forbrukerombudet har politimyndighet hva oss bedrifter angår. Vi burde absolutt komme opp med et bruksområde for denne uttalelsen – dette var jo egentlig krutt.

24. NOVEMBER 2016 kom en postleveranse fra USA – fire store kasser med til sammen 500 eksemplarer av boken «Oppstarten». Vi hadde allerede bestilt 1 500 til. Vi hadde nemlig klekket ut en cunning plan: Samtlige – eller i alle fall flest mulig – av de kundene som hadde vunnet frem med vår hjelp, skulle få boken tilsendt, som en førjulspresang. Sammen med boken skulle de få et lite brev, hvor vi skrev at vi ville gi ut en ny bok, «der vi skriver om hvordan kundene våre har fått hjelp. Vi kunne derfor svært gjerne ønske oss at du kunne sende oss noen ord om da du fikk hjelp.»

Jeg begynte å skrive brevet neste dag. Vi hadde allerede 500 bøker å få ut dørene. Jeg var ute i resepsjonen og fant ut at det ville koste oss 30 kroner per bok bare i porto, for å få den sendt ut til hver enkelt kunde. Nesten 1 500 kunder skulle få den tilsendt – nye 45 000 kroner i porto der altså.

Det ville utvilsomt være verd hver en krone. For det første var dette kunder vi kunne takke for vår eksistens, samtidig satt de med svært kraftige vitnesbyrd om alt det de hadde opplevd både av banker og andre, før de omsider fikk hjelp. Dette var historier som fortjente å bli hørt ... eller lest ... og vi håpet at mange av dem ville ta pennen fatt og sende oss en tilbakemelding. I så fall skulle vi sørge for at det kom på trykk. Jeg var fylt med begeistring.

25. NOVEMBER 2016 kom oppdragsvilkårene for Pressgruppe Dieselgate i retur fra advokaten. De hadde gjort en grundig jobb i gjennomgangen. Forbrukerombudet hadde i referatet sitt skrevet følgende: «<u>FO ber om oversendelse av reviderte kontraktsvilkår så snart som mulig, og senest innen den 29.</u>

<u>november 2016.</u>» Før vilkårene kunne oversendes, måtte infoskriv og annet på plass.

Jeg avtalte med Adrenasoft at det ble jobbing gjennom helgen. Vi hadde, parallelt med alt dette andre, sydd opp en pressgruppevariant for finanssaker også. Begge disse pressgruppene, med alle sine tilvalg, hadde jeg allerede flagget for salgskorpset. Jeg hadde videre fortalt at de skulle være live fra mandag 28. november, så det var bare å sette i gang.

Samtidig var det altså 500 bøker som skulle ut, nettsider som skulle ta form og et prosjekt i Consumer Complaints Action Group som måtte håndteres. Eriksen, Cato, advokatene våre i England og jeg hadde blitt enige om at vi måtte begynne å arbeide med å få på plass en CMC-lisens. CMC var forkortelsen for complaints management company. Vi måtte ha en slik lisens for å arbeide med finanssaker i England. Vi trengte den ikke for Dieselgate, så dette var noe vi kunne gjøre parallelt med at vi fikk fart på Diesel-arbeidet. Eriksen hadde tilgang til en svært erfaren prosjektleder, som hadde flere år bak seg som prosjektleder for HP. Mannen var et unikum når det kom til relasjoner. Vi tok naturlig nok til takke med kandidaten hans og hun satte i gang. I løpet av noen måneder skulle vi bli et engelsk CMC-selskap – sannsynligvis ville vi være det første norske selskapet med et engelsk CMC-selskap som datterselskap.

Det var helt rart å tenke på – all den motstanden og kritikken vi opplevde her hjemme, mens i utlandet kom sterke, drevne ressurser på banen og tok fatt i arbeidet med å hjelpe oss opp og frem. Eriksen håndterte det som hadde med England å gjøre – også dette CMC-prosjektet – han bare holdt oss i loopen, slik at vi hadde et overblikk på det hele. For en mann..

Inntil de nye nettsidene var på plass, kunne jeg ha det aller meste av fokuset på å få ferdigstilt de nye norske tjenestene, samtidig med at vi fikk ut disse bøkene. Med de tilbakemeldingene vi etter mitt hode kom til å få, lå alt til rette for en ny bok, en bok full av vitnesbyrd. Jeg kjenner ikke til et eneste selskap som har en hel bok full av vitnesbyrd, men det skulle vi ha!

Jeg hadde gått på Bibelskolen i Grimstad, på Menighetsfakultetet i Oslo og på Youth With a Mission sin skole i Los Angeles – jeg visste godt betydningen av vitnesbyrd.

Jeg husket enda avskjedsordene fra en av de på brakka, da jeg forlot militæret: «Hvis du blir prest Flaaten, skal jeg komme på hver jævla gudstjeneste!»

Nå hadde det ikke blitt prest av meg, men jeg håpet likevel at brevet og den vedlagte boken ville motivere mottakerne til å sende oss noen ord i retur.

Jeg har aldri hørt om et selskap som har en hel bok full av vitnesbyrd, så det virket for meg å være en helt unik og strålende idé. Vi fikk se det an – så snart bøkene var sendt, lå ballen hos kundene. Ville de gi oss gode vitnesbyrd, eller var også de blitt preget av mediene – selv om de hadde vunnet tilbake hundrevis av millioner med vår hjelp? Jeg hadde troen ... men jeg var selvsagt også nervøs. De 45 000 kronene i porto var bare deler av investeringen. Det hadde kostet en hel del å få trykket og skipet bøkene fra USA til Haugesund. I tillegg hadde jo Atif i Pakistan fått flere hundre kroner for coveret.. Den som intet våger..

BLACK FRIDAY var i 2016 den 25. november – en allerede svært travel dag. Denne dagen gjorde vi vår til da desidert største enkeltinvestering. Vi bestilte 50 nye datamaskiner, i tillegg til en rekke ekstra skjermer og forskjellig rask. Investeringen beløp seg til over 700 000 kroner!

Frem til nå hadde alle som arbeidet for Klagehjelp måttet stille med egen PC. Et par år tidligere hadde nyansatte kun fått utlevert SIM-kort. De måtte stille med både telefon og PC selv. Det var en så spesiell ordning at den ble en gimmick.

Etter hvert som vi vokste, fikk vi systemer for det meste, så vi sluttet å bruke mobiltelefoner. I stedet fikk vi et IT-system hvor kundelistene ble lastet inn, for at så systemet ringte ut til kundene for oss. Det vil si – systemet bestemte hvem som skulle bli oppringt og når, men det var fremdeles vi som snakket med dem. I stedet for å søke opp telefonnummer på nettet, for så å ringe dem med mobilen, trykket en nå bare play i IT-systemet og maskinen satte i gang med å ringe kunder. Selv satt vi der med headset og så nesten ut som en gjeng gamere. Mye var skjedd.

Nå var vi altså kommet så langt at det ikke lenger var hensiktsmessig at hver enkelt ansatt stilte med sin egen maskin. John Egil fra admin, som hadde hovedansvaret for det IT-tekniske, brukte store deler av dagene på å få alskens ulike maskiner til å fungere. Med denne bestillingen, av 50 identiske maskiner, ville han få en helt ny hverdag. Samtidig la det til rette for at vi kunne øke bemanningen. Vi hadde så mange vi ønsket å nå ut til og for å få det viktige arbeidet unnagjort, hadde vi behov for enda flere gode hoder.

Hva om vi nå kunne få ressurser fra NAV? Vi kunne nå tilby dem fiks ferdige arbeidsplasser, med supre maskiner, suverene IT-løsninger og ... etter endt testperiode kunne vi også tilby dem jobb med fast timelønn. Tidligere hadde vi kun tilbudt prestasjonsbasert lønn, men de siste månedene hadde vi lagt ned en hel del tid på å sy opp modeller for at ansatte kunne velge om de i stedet ville jobbe på timelønn. For å motivere til gode prestasjoner, la vi oss på en modell der vi tilbød timelønn med bonus. Bonusen skulle bli beregnet månedlig, slik at flest mulig hadde mulighet til å oppnå ulike bonuser.

Et slikt regime burde til og med NAV akseptere. Både Cato og jeg var lærerutdannet og sammen med salgslederne, Bo og Bodil, burde vi være i stand til å sy sammen et opplæringsprogram for nyansatte. Hva om vi tilbød en selgerutdanning? Kurset kunne eksempelvis gå over to måneder og ende opp i en skriftlig og praktisk prøve. De som bestod kunne få tilbud om fast stilling i selskapet.

I en region rammet av oljekrisen, burde dette være som manna fra himmelen for NAV, men ... en visste aldri med NAV.

Sist jeg hadde vært i møtet med en av dem, hadde hun uttalt: «Er det du som er Flaaten? Jeg har hørt om deg, du er akkurat som en blekksprut! Du har armene dine over alt!» Takk skal du ha, NAV. Møtet gjaldt for så vidt noe helt annet. En av våre ansatte hadde mistet kona si for en god stund siden og hadde vært ute av stand til å arbeide.

Nå var vi i et møte hos legen hans, for å se på fremtidsmuligheter. Damen fra NAV ble kanskje oppgitt eller noe, for på et tidspunkt uttalte hun «Det er jo ikke slik at noen har dødd akkurat!» Det kan jo hende hun ikke var oppgitt – kanskje hun bare ikke var forberedt, eller det som verre var? Selv legen som deltok

65

i møtet satt og himlet med øynene over henne. I mitt hode var hun fullstendig ubrukelig.

Lurer på hva de diskuterer rundt lunchbordet på NAV i Haugesund – bortsett fra blekksprut og andre sjødyr..

Innkjøpet av nye maskiner gav uansett muligheter. Vi kunne bli langt mer effektive. Det hadde ikke latt seg gjøre om ikke Skatteetaten omsider hadde funnet ut at det var like greit at vi fikk utbetalt de to millionene de skyldte oss. Vi hadde vært i en likviditetsskvis i flere måneder, men nå så ting langt bedre ut.

Den siste måneden hadde det heller ikke vært noe hetsing i mediene. Det var kanskje ikke utelukkende positivt – kanskje Møller og Volkswagen tenkte de ikke hadde noe å frykte? Kanskje bankene hadde sluttet å se vår vei? Eller kanskje de simpelthen tenkte at skriveriene i nær salg alt som var av norske medier et par måneder i forveien, samt momsettersyn og Forbrukerrådets og Forbrukerombudets fokus, burde ha satt oss på bar bakke? Vi hadde riktignok mistet rundt 15 ansatte – det hadde blitt skremt bort av alt det negative, men resten av oss ... vi hadde ikke latt oss knekke – vi var temmelig innstilte på å vinne frem og vi hadde mengder av energi. Vi hadde nettopp vært gjennom tidenes fight, men nå hadde vi fått luft og var klare for ny dyst. For å si som Bodil: «Du kødder ikke med en chihuahua!»

50 nye maskiner ga oss helt klart muligheter for vekst. Kombinert med timelønn, burde vi ha godt tilgang på nye ansatte. Det var snart jul og en del studier var snart ferdige. Det burde komme nye jobbsøkere ut på markedet i løpet av et par uker – i tillegg til alle de som var arbeidsledige fra før av. Med tanke på alt det vi hadde gående, burde vi absolutt vært i overkant av 50 ansatte. Jeg kom til å tenke på en replikk fra filmen Highlander – «It's better to burn out than to fade away.» Det var visstnok Neil Young som skrev dette i sangen «Hei Hey, My My (Into the Black)» i 1979 og Kurt Cobain siterte det i avskjedsbrevet sitt i 1994 og gjorde det verdenskjent. Dette hadde imidlertid ikke jeg fått med meg – for meg var sitatet fra Highlander, en smått fengende B-film fra midt på 80-tallet, som jeg med en feiltakelse forsøkte å se om igjen noen år senere – lesson learned.

Uansett – It's better to burn out than to fade away – med tanke på hvor Klagehjelp var og hvor vi hadde tenkt oss, kunne vi ikke ta oss råd til ikke å satse. Spis eller bli spist – dette var en tanke fra tiden i finans. Om et selskap ikke jobbet på for å vokse og bli større og sterkere, ville det komme noen og spise det eller på annet vis sette en stopper for det. Det var altså naturlig at Klagehjelp, nå som vi hadde fått pengene vi hadde utestående, investerte disse pengene i nettopp vekst. Vi kunne ha valgt å la pengene bli stående på konto. To millioner er mange penger, men for et selskap som har over 30 personer i sving, samt et kobbel av advokater, IT-folk og regnskapsfolk, da brenner en fort gjennom to millioner kroner. Vi måtte investere disse pengene, for å kunne øke omsetningen og inntjeningen. Pengestrømmen ut av selskapet var allerede stor – vi måtte gjøre tiltak for å øke pengestrømmen inn.

Jeg var overbevist om at jeg kom til å miste noe nattesøvn over denne beslutningen, men jeg mente likevel det var riktig. Jeg er ikke sikker på om min gamle far, kommunisten, hadde vært enig, men det er ikke godt å si. Selv om han var kommunist og   jeg hadde sluttet å diskutere politikk med ham da han begynte å blø neseblod i forbannelse en gang tidlig på 2000-tallet, hadde han forståelse for min tankegang rundt business. Han hadde vokst opp i en helt annen tilværelse, i ei tømmerkoie i skogene i Vinje i Telemark. Han var en bauta, en høvding. Jeg hadde ikke diskutert så mye business med ham de siste årene – jeg angret litt på det. Han var alltid der for meg, søsknene mine og resten av etterkommerne og vi kunne diskutere hva som helst med ham. Jeg hadde nylig slettet nummeret hans fra favoritter på mobilen. Jeg var kanskje redd for at jeg skulle ringe ham ved en feiltagelse og noen andre skulle svare? Livet var travelt og jeg lurte på når jeg skulle få en noenlunde normal sorgreaksjon – det var bare noen måneder siden han hadde gått bort. Vi hadde heldigvis hatt fine dager sammen på slutten og vi var der med ham da han sovnet fint inn. Jeg savnet ham. Snakker om farsfigur – en får dårlig samvittighet over egne prestasjoner bare en tenker på ham..

26. NOVEMBER 2016 kom det en etterlengtet oppdatering om de neste 1 500 eksemplarene av «Oppstarten». Bøkene hadde dagen i forveien vært innom Summerville og West

Columbia i South Carolina og var nå kommet til Louisville i Kentucky. De 500 forrige bøkene hadde så brukt 2 dager på turen fra Kentucky via Köln, Malmö, Gardermoen og Oslo, før de til slutt ankom Haugesund. Dersom det gikk like kjapt denne gangen, ville de neste 1 500 bøkene ankomme mandag 28. november. Vi måtte i så fall få kjøpt inn mer papir til printeren, flere konvolutter, fylle opp portoen på frankeringsmaskinen – det var mye å få ordnet. Vi burde hatt noen som kunne hjelpe oss å få laget til alle pakkene som skulle ut. Herregud, det var spennende – ville folk respondere, eller ville de la være? Ville de like boken? Det hadde jeg ikke tenkt på. Jeg hadde ikke lest gjennom boken selv en gang, før jeg bestilte de første 500, og disse var enda ikke ankommet da jeg bestilte de neste 1 500. Nå drev vi og sendte boken ut til kunder i hele landet og jeg hadde ikke lest den selv en gang! Nå er jeg heldigvis velsignet med en viss tiltro til egne prestasjoner, så jeg har ikke for vane å ettergå meg selv, men det kunne kanskje være en tanke å bla gjennom boken?

Vi fikk se hva vi fikk tid til. Det viktige denne dagen var å få ferdigstilt funksjonaliteten for Pressgruppe Finans og Pressgruppe Dieselgate, slik at disse tingene i størst mulig grad var automatisert i IT-systemene neste dag – da var det ny uke og nye muligheter. Det var snart jul og en burde forvente at de ansatte var ivrige etter å få jobbet mest og best mulig for å kunne finansiere en finest mulig jul. Morgendagen skulle bli bra – det måtte jeg sørge for i dag.

Kontrakter og dokumenter var klare. Det var søndag, relativt tidlig på dagen ... jeg ringte Stokkenes i Adrenasoft og vekket ham. Jeg gjenfortalte noe jeg hadde hørt fra Grant Cardone – dette med å holde hviledagen hellig. Gud tok seg fri den syvende dagen, etter at han hadde skapt himmel og jord. Jeg fortalte at jeg visste om flere som tok både lørdagen og søndagen fri, uten at de hadde skapt noe særlig i det hele tatt gjennom hele uken. Jeg minnet ham om at han var midt i en skapelse – IT-løsningen for pressgrupper med tilvalg. Han gikk med på at jeg skulle gi ham et vink når det var dags med en hviledag. Han trengte ikke holde rede på dette selv, det var nok for ham å fokusere på utviklingen. Det er greit når en kan bli enige.

Han kom seg på kontoret og i løpet av et par timer var funksjonaliteten ferdigstilt. Vi hadde ikke særlig tid til å teste det hele. Filosofien min er uansett at det er mye bedre å gjøre ting rett med en gang, i stedet for å bruke mengder av tid på testing etc. Det var kanskje derfor jeg enda ikke hadde lest gjennom «Oppstarten». Det så ut til at morgendagen kunne komme og at ting ville være klart.

Jeg la ut følgende annonse på Facebook: «Vi ruster oss for å kunne ta imot nye ansatte. 50 nye PCer er på veg! Dersom du vet om noen som kunne tenke seg jobb med fast timelønn, send dem gjerne vår veg (ledigstilling@klagehjelp.no)»

Det tok ikke mange minuttene før ting begynte å skje. En av de første som tok kontakt, var imidlertid en kjenning fra barndommen. Han begynte å chatte med meg på Facebook og etter noen høflighetsfraser frem og tilbake, kom han endelig til saken – han lurte på om han kunne låne penger av meg. Himmel og hav! Han leste tydeligvis noe annet av Facebook-annonsen enn hva jeg forsøkte å formidle. Kommunikasjon er ikke enkelt.

Tingene var i alle fall i bevegelse. Vi hadde gjort en solid investering – ville vi klare å gjøre den lønnsom?

15. DESMBER 2016 satt jeg og forberedte julelønnen, da jeg tok meg i å irritere meg over at de nye nettsidene fremdeles ikke var på plass. iDrift, de som kodet dem for Iversen Skogen Reklamebyrå, hadde invitert seg selv bort på et møte en uke i forveien, der de hadde snakket om at det var best å velge Laravel fremfor Wordpress, som utgangspunkt for sidene. Med andre ord – de var langt fra å kunne levere, selv om vi hadde fått klare indikasjoner på at ting skulle være live i god tid før jul. Pokker.

Dette førte selvsagt til at Danmark og England ikke ville komme i gang i løpet av januar, slik vi hadde satset på. Vi hadde hatt møte med Eriksen og Julia, prosjektlederen for disse lisensgreiene i England noen dager før vi fikk de dårlige nyhetene fra iDrift – da hadde vi lagt planer for oppstart første uke i januar. Disse måtte nå skyves på. Forbannet være lovet..

Forbrukerombudet hadde ikke latt høre fra seg etter at vi sende over oppsettet om pressgrupper, så en måtte vel anta at de samtykket og syntes omleggingen var i henhold til hva de mente om verden og hvordan den burde se ut.

Det var mye annet som hadde skjedd i det siste også. Huseier hadde tatt kontakt. I etasjen under oss var det et rederi som skulle flytte ut – et lokale på 700 kvadratmeter ville bli ledig. Jeg hadde vært på en liten visning der og kvaliteten lå flere hakk over hva vi var vant til. Stilen var kanskje litt vel 80-tall, men alt var gjennomført og skikkelig. Vi levde på 370 kvadratmeter i dag, men lokalene våre bar preg av å være designet av en tungt ruset arkitekt. En skulle tro han hadde gjort romplasseringen i blinde – alt var tilfeldig. Det gjorde det for så vidt ganske spennende å få gjester på besøk – kun de færreste fant ut på egenhånd. Altså ... arkitekten var neppe ruset – det var bare en nærliggende antakelse, men for all del – det er godt mulig han var kirkeverge på fritiden..

Lokalene i etasjen under oss var gjennomførte og flotte og de ville gi rom for en veldig vekst. Samtidig var de langt dyrere. Vi betalte under 25 000 kroner i måneden der vi var – råbillig i forhold til det meste rundt oss. Jeg kunne nok takke Torgrim for dette – han var et råskinn når det gjaldt å forhandle kostnader. Om vi kunne få de nye lokalene for så lite som 800 kroner per kvadratmeter i året, ville månedsleien likevel øke til nærmere 47 000 kroner. Samtidig ville vi ha mulighet for å fremleie noe av lokalet til andre bedrifter.

Vi hadde en god admin og jeg hadde lenge tenkt på at vi kunne tilby fakturering, ledelse, drift og annet til andre bedrifter. Hva om vi kunne ta de inn i lokalene i tillegg? Vi kunne eksempelvis la nyetablerte selskap få trygge omgivelser å vokse i, samtidig som vi kunne ta oss av de tingene de selv ikke var komfortable med. Det burde være et marked for dette, særlig i en region preget av oljebremsen. En fin vinn-vinn-mulighet..

Vi hadde nylig øket fra to til tre salgsledere. Bo og Bodil hadde lenge vært salgsledere, men nå hadde de også fått Henrik, søskenbarnet til Bodil, med på laget. Samtidig hadde de fått et nytt ansvarsområde, nemlig å aktivt tilby konsulenttjenester til andre bedrifter – nærmere bestemt salgsledelse og selgertrening. Også dette burde det være et marked for. Det fantes tusenvis av bedrifter innen et par mils omkrets, og det burde definitivt være mulig for salgslederne i Klagehjelp til å få solgt noen oppdrag innen salgsledelse og selgertrening. Dette ville i tillegg gi hyggelige synergier. Jo flere oppdrag de utførte for andre bedrifter, jo flere impulser ville de ta med seg hjem. Selv om vi var gode, var det garantert et hav av ting å plukke med seg der ute. Nå kunne vi få på plass en modell der vi fikk betalt for å motta impulser – genialt. Salgslederne hadde fått i oppdrag å sette opp tjenesten, slik at de kunne begynne å tilby denne. Målet var å komme i gang rett over nyttår.

Cato og jeg hadde lenge snakket om å utvikle et kursopplegg for nye selgere. Også dette skulle sys sammen slik at det kunne tilbys til andre bedrifter, samt NAV, slik at de kunne sende klienter opp til oss for å få trening innen salg. Vi tenkte at vi kunne tilby en løsning som innebar at de som scoret så og så høyt på de avsluttende vurderingene, ville få tilbud om fast jobb etterpå. Det burde jo ringe godt i NAV-ørene ... bortsett fra at enkelte hos NAV mente jeg var en blekksprut da – det kunne jo være et aldri så lite hinder.

Vi hadde nettopp investert flere hundre tusen kroner i nytt PC-utstyr, så det var viktig å få inn nye former for inntekt. Kursing og konsulentvirksomhet var temmelig opplagt. Både Cato og jeg var jo lærerutdannet, så et kurs burde absolutt være innenfor hva vi var kapable til. Salgslederne hadde alle bakgrunn fra salg, så de burde kunne bistå salgsledere og selgere i de fleste bedrifter. Etter mitt hode var vi trolig et av de aller sterkeste salgsteamene i mange mils omkrets, så de ville være heldige om de fikk en avtale med oss.

Men først måtte altså allting utvikles og komme på plass.

MANDAG 19. DESEMBER satte Stokkenes i Adrenasoft seg på flyet tidlig om morgenen. Han var på veg til Bangkok, hvor han hadde tenkt å ferie julen.

Forrige gang han hadde reist til Bangkok, var han på oppdrag for oss i India. Han skulle være der i fire uker, for å få et par briljante indiske utviklere opp i fart på IT-systemene våre.

Av en eller annen grunn hadde han funnet det fornuftig å ta en streiftur innom Bangkok og sjekke ut noen IT-selskap der, mens han likevel var i området. Han hadde en god forklaring på hvorfor dette var fornuftig ... altså ... det at han kom hjem til Norge etter to av de planlagte fire ukene, men den underliggende årsaken, eller sannheten om en vil, var vel at han hadde glemt å ordne med to innreiser til India da han bestilte visum.

Dermed ble han altså sittende noen timer i Mumbai, uten å få komme seg videre mot Ahmedabad, der Pancake satt og ventet på ham på flyplassen, for å kjøre ham tilbake til kontoret, der de 500 andre utviklerne satt og trykket for Klagehjelp og andre kunder verden over. Selv var jeg temmelig forbannet, men jeg skjønte på ham at han var såpass stresset, at jeg fant det best å holde det inne..

Nåja, inderne virket å være akkurat så briljante som Stokkenes påstod, for de så ut til å håndtere det hele uten noen videre problemer. Før Stokkenes tok turen til Bangkok, hadde han rukket å få inderne

*såpass inn i systemet at han kunne fjernstyre
dem fra Norge fremover.*

*Jeg ville vel kunne påstå at dette var ren og
skjær flaks fra hans side, at inderne taklet
denne plutselige endringen, men ... hvorfor
klage på noe som virker? Vi hadde
gjennomført temmelig dyptgående intervjuer
med dem i begynnelsen av året, så han visste
nok hva han fikk. Vi ... fordi også jeg var til
stede – det var Stokkenes som sjekket hva de
kunne og ikke..*

De siste ukene hadde altså Stokkenes jobbet fra
Haugesund og ledet inderne fra det nylig
ferdigriggede kontoret sitt. Det eneste han
manglet der, var muligens jacuzzi. Selv en
banksjef, i alle fall en filialsjef, ville nok kunne
funnet seg til rette der..

Nå var han altså på veg til Bangkok for å feire
julen. Han hadde jobbet med Pancake til langt på
kveld, norsk tid, gjennom hele helgen. India lå 4
½ time foran oss, så Pancake hadde virkelig lagt
sjela i bløt denne helga. Han het egentlig Pankit,
men Pancake var OK. Han hadde en kollega med
seg i alt arbeidet, en som jeg kalte Dinesh, etter
inderen i Silicon Valley – en HBO-serie om noen

IT-nerder. Han het ikke Dinesh, men det var ikke så farlig – arbeidstitlene ble stort sett brukt mellom Stokkenes og meg. Mener det var Vinoud han het, men Dinesh var for lengst innarbeidet – i Silicon Valley kom Dinesh opp med en fantastisk app, så om han levde opp til kallenavnet, ville han trolig komme til å bidra med noe stort – det var bare å glede seg.

De hadde brukt helgen på å ferdigstille noe funksjonalitet for masseutsending for de nylig opprettede pressgruppene våre, og Stokkenes tipset meg denne formiddagen om at det kunne være fornuftig å ikke ta det i bruk enda – inderne holdt på med å fikse bugs. Jeg spurte om en annen liten detalj var klar, nemlig funksjonaliteten vi var avhengige av for å følge opp om nye kunder hadde betalt faktura for igangsetting av oppdragene sine. Vi hadde selvsagt kontroll på dette gjennom økonomisystemet og egne regneark, men ved å utvikle funksjonalitet for oppfølging direkte i vårt eget IT-system, ble oppfølgingen langt mer effektiv.

Dette var imidlertid ikke på plass. Stokkenes var veldig skarp på IT, men min lille interesse for at det skulle komme penger inn i kassen ... jeg nevnte rett som det var for ham at han hadde et litt uheldig utgangspunkt, from a developers point of veiw ... jeg trengte ikke si mer, han skjønte hva jeg mente.

Enkelte ting kunne være veldig spennende for utvikleren å gyve løs på, men om ikke kunden fikk penger inn i kassen, så var det ikke så viktig å fokusere på det. Økonomien først, deretter de fancy tingene. Vi skulle imidlertid ikke bytte Adrenasoft ut. Jeg hadde kjent Stokkenes fra vi var smågutter og jeg kunne absolutt stole på ham. Ja, jeg kunne også stole på at han helt uten forvarsel satte seg på et fly til andre siden av kloden, midt i en hektisk kodeperiode, men ... from a developers point of view, så var kanskje ikke dette så kritisk..

Funksjonaliteten for kundeoppfølging hadde vært på plass, helt til vi innførte pressgruppene. I og med at vi allerede hadde satt i gang manuelt, og utviklerne hadde halset etter oss med funksjonaliteten, hadde akkurat denne delen, kundeoppfølgingen, blitt ofret ... eller utsatt. Det var på høy tid å få denne på plass, men det ville trolig ta noe tid.

Stokkenes var imidlertid optimistisk – det var ikke måte på hvor mange megabit per sekund han hadde tilgang til fra det nye hotellet i Bangkok. Sist hadde han valgt hotel basert på svømmebassenget - Stokkenes er fanatisk når det gjelder svømming og bassengstørrelser – særlig lengden på bassenget er viktig. Denne gangen hadde han fokusert på linjekapasiteten på nettverket ... ja, forutsatt at det var et 5-stjerners hotell da, selvsagt. Visse krav hadde han jo..

Så snart han var på plass i Bangkok, regnet han med at dette med kundeoppfølging kjapt skulle komme på plass. Vi snakket trolig ikke mer enn et par dager frem i tid.

From a developer's point of view, sa jeg..

Jeg forsøkte å fortelle ham om noe ny funksjonalitet vi skulle hatt på plass, men skjønte at han var i reisemodus, så samtalen skled ut i null og nada. Da jeg la på, så jeg at en liten forsamling fremmede var på veg innover i lokalet. Jeg rakk ikke gruble stort på det, for med ett var Bodil der og tok imot dem. Jeg kom på at hun hadde nevnt dette – de var fra Ung Jobb. Det var en av lederne og fire av ungommene derfra, de skulle få en presentasjon om Klagehjelp, for å se om dette kunne være en fremtidig arbeidsplass for noen, eller forhåpentligvis, flest mulig av dem.

Denne dagen kom iDrift med en for meg overraskende melding – de ville ha møte med oss onsdagen denne uken, for å presentere de ferdige nettsidene. Jeg hadde for så vidt innfunnet meg med situasjonen – at vi ikke kom til å ha de nye nettsidene på plass på denne siden av årsskiftet. Derfor var dette gledelige nyheter. Vi fikk nå se, om de nye sidene faktisk var ferdige og slik vi hadde sett dem for oss, eller ikke. Det var ingen vits å få for store forhåpninger, klok av utviklerskade. Ting tok som regel en god del tid – langt mer tid enn jeg i min villeste fantasi kunne forestille meg. Slik var det bare..

22. DESEMBER publiserte E24 artikkelen «Næringslivet fortviler over strengere telefonregler». Artikkelen kan en lese her: http://e24.no/naeringsliv/forbrukerombudet/ naeringslivet-fortvilet-over-strengere- telefonregler/23880023

«Regjeringen vil nekte firmaer å drive telefonsalg overfor egne kunder, med mindre kunden har samtykket. Forbrukerorganisasjonene jubler, mens næringslivet fortviler.»

Aftenposten hadde samme dag artikkelen «Frykter nye telefonsalgregler: - Et dolkestøt mot norsk næringsliv». Artikkelen kan en lese her:
http://www.aftenposten.no/norge/Frykter-nye-telefonsalg-regler--Et-dolkestot-mot-norsk-naringsliv-611650b.html

Politisk direktør i Hovedorganisasjonen Virke, Harald J. Andersen, uttaler i artikkelen at «Det er et dolkestøt i ryggen på et norsk næringsliv som allerede står ustøtt på beina. Stortinget må ta til fornuft og endre dette.»

Forbrukerombudet var, ikke helt uventet, positive. Hva mener vi i Klagehjelp? Vår bekymring er nok at Forbrukerombudet og andre oppfatter at vi driver telefonsalg på linje med de som lurer på folk abonnement på truser, sokker, bøker og annet drit.

Vi har aldri tatt en tilfeldig telefonsamtale for å prøve å selge en av tjenestene våre. Vi har etter hvert mistet tall på hvor mange mennesker vi har vært i kontakt med, men samtlige vi har forsøkt å komme i kontakt med, er mennesker vi tror vi kan hjelpe. Mennesker som har tapt penger på bankprodukter eller de er blitt svindlet av bilindustrien. Vi ønsker å hjelpe dem til å få en økonomisk kompensasjon og den mest effektive måten å få gjort dette på, er ved først å fortelle dem om muligheten til å få hjelp. Det er ene og alene derfor vi sitter og ringer ut hver dag. Vi ønsker å nå frem til dem som er berørt og fremdeles er telefonen det mest effektive kommunikasjonshjelpemidlet for oss i Klagehjelp.

Det er mulig vi kunne fått publikum til å ringe inn, men da måtte vi hatt et reklamebudsjett stort nok til å ha reklamene våre rullende på TV-skjermene i de tusen hjem. Dette er helt uaktuelt, i alle fall enda. Om vi skulle komme dit en dag, ja, det ville vært fantastisk, men vi er absolutt ikke der nå. I dag er telefonen vårt viktigste verktøy. Derfor håper vi inderlig, som Virke, at de som er satt til å bestemme over oss «tar til vet», som en sier i Haugesund.

Det er fryktelig å være avhengig av velviljen til mennesker som i bunn og grunn ønsker en bort og vekk. Dersom de får det som de vil, er det ingen som kan sitte som oss og aktivt tilby hjelp til mennesker en vet er berørt. Det ville være et stort tap ... selvsagt for oss og våre ansatte, men også for kundene våre. Vi hjalp DNB-kunder i å få tilbake nærmere 400 millioner kroner og vi gjør alt i vår makt for å mangfoldiggjøre denne suksessen. Vi er til for å hjelpe og vi håper selvsagt inderlig at forholdene ligger til rette for å kunne fortsette å hjelpe – også gjennom 2017 og inn i fremtiden.

LILLE JULAFTEN 2016 var vi bare syv stykker rundt konferansebordet om morgenen. Hege, John Egil og Tonje fra admin var på huset i tillegg, men de var i gang med sine ting. Morgenmøtet var stort sett forbeholdt selgerne og dagen i dag var ikke noe unntak.

Det føltes veldig glissent rundt det store konferansebordet, og da jeg gjorde en liten opptelling, slo det meg at for rundt to og et halvt år siden var syv stykker totalen vår. Den gang satt vi og vurderte om vi skulle tørre å ansette flere. Jeg var svært skeptisk, for hvor lenge ville vi i så fall ha noe å sette fingrene i? Vi ville jo på et eller annet tidspunkt gå tom for arbeid, og jo flere vi ble, jo fortere ville vi brenne gjennom alt sammen. I tillegg var jeg redd for at vi ville miste oversikten og kontrollen om vi skulle bli flere enn vi allerede var. Vi var jo en god gjeng..

Nå, knappe tre år senere, fortalte jeg de fremmøtte om dette. I dag ville vi føle at vi gikk og vandret rundt i et øde lokale. Vi var imidlertid ikke redde for å gå tom for arbeid..

To av salgslederne, Bo og Henrik, fikk et spesialoppdrag i dag. De skulle ringe rundt til gamle kunder og intervjue dem i forhold til boken vi hadde sendt dem to-tre uker i forveien. Input til boken om kundeopplevelser, altså. Det var lille julaften og det kunne være greit med litt alternative oppgaver. Mange ville nok være travle med alskens juleforberedelser, men de som Bo og Henrik skulle kontakte, de var stort sett langt oppe i årene og mange av dem var nok i boks med alt det som hadde med julen å gjøre. Jeg håpet at kundene ville være såpass klar for julehøytiden at de kunne avse et par minutter på oss. Vi fikk se..

Ellers hadde vi fått et nytt brev fra Forbrukerombudet. De hadde fått god tid på seg i forhold til omleggingen vår til pressgrupper og nå hadde de kommet tilbake med et fire siders brev. Avslutningsvis het det at «Forbrukerombudet ber om en skriftlig tilbakemelding i saken med bekreftelse på at dere har endret markedsføringen og avtalevilkårene, **så snart som mulig og senest innen mandag den 9. januar 2017.**» Det var altså fremdeles et par ting å ta tak i, men det fikk vente til romjulen.

Litt interessant var det at avsenderen, Christian Halvorsen, i e-posten skrev at «Til orientering har jeg min siste dag hos Forbrukerombudet førstkommende torsdag og går over i ny stilling på nyåret.» Antagelsen min slo altså inn – Halvorsen og trolig også Hauge, de to vi hadde hatt med å gjøre hos ombudet, brukte etter all sannsynlighet stillingen som et springbrett for å komme videre i det offentlige hierarki. Det at de hadde slått til så til de grader hardt mot oss … truet med bøter, det å måtte stenge butikken … det var ikke måte på virkemidlene. De hadde holdt på siden september … det vil si, det var da vi hadde fått med oss at vi var i ombudets søkelys. De hadde imidlertid vært i gang med arbeidet en god stund, før de omsider involverte oss. Dette er omtalt i boken «Oppstarten», så det har ikke noe for seg å ramse opp dette på nytt ... men det var i alle fall interessant å se at unge, lovende Halvorsen nå var på veg videre i livet.

Jeg håpet arvtakeren hans var mindre lysten på et raskt opprykk og kanskje dermed ville være mindre motivert til å ta rotta på en liten og etter mitt syn samfunnsnyttig bedrift.

Det ble spennende å se hvor Halvorsen havnet – for min del kunne han gjerne rette fokuset i en helt annen retning enn vår. Det viste seg at han begynte som advokatfullmektig hos Advokatfirmaet Nicolaisen & Co Ans. Vi får se om våre veier møtes igjen der fremme et sted..

ROMJULEN

Romjulen 2016 ble, rent jobbmessig, brukt på å skrive boken «Kundene forteller». Jeg hadde tenkt å kalle den «Kundeopplevelser», men spurte Facebook-følgerne våre hva den burde hete. Det kom en god del forslag, men det jeg likte aller best, kom fra en av selgerne våre, Jorun. Hun mente «Kundene forteller» var et langt bedre og mer dekkende navn på boken … og jeg var helt enig.

Hege på admin hadde samlet sammen og systematisert tilbakemeldingene fra kundene, etter hvert som de begynte å tikke inn.

En del av bøkene vi sendte ut, sammen med førjulsbrevet, var imidlertid kommet i retur. Årsaken var åpenbar, men jeg valgte å ikke legge så mye i det.. DNB hadde nemlig siktet seg inn på formuende, eldre kunder. De som allerede var eldre i 2005-2007 … ja, det sier seg vel i grunnen selv hvorfor enkelte av bøkene kom i retur, med uåpnet konvolutt..

Banken hadde, selvsagt, vært akkurat så kynisk som en burde forvente. Den hadde siktet seg ut de enkleste byttene – de som gjennom hele livet hadde tatt på seg finklærne når de skulle i banken og all ydmykhet få bistand til å utføre et eller annet økonomisk ærend. I 2005-2007 var disse trauste arbeiderne gamle og de aller fleste av dem formuende. Dessuten var de blant de mest lettlurte kundene noen bank kunne ønske seg. Dersom banken ba dem flytte pengene fra ett sted til et annet – da gjorde de det. De var jo fullt overbevist om at banken ville dem vel og de var oppvokst med å ha respekt for lensmann og prest, i tillegg til bankmann og fut.

Det at en del av bøkene kom i retur var altså selvforklarende. Det som var betryggende, var i alle fall at vi hadde rukket å hjelpe dem og at det forhåpentligvis var noen arvinger som hadde fått nyte godt av det hele.

Bo og Henrik hadde i tillegg hatt er par ringerunder for å hente inn enda mer feedback. De aller fleste var mer enn villige til å gi noen ord om den hjelpen de hadde fått, og om vi hadde satt dem til å jobbe fulltid med dette i en måneds tid, da kunne vi nok endt opp med en bok på flere hundre sider, men ... tiden er dyrebar og vi bør bruke den fornuftig.

Vi begrenset altså ringerundene til et par-tre dager, men vi så at alt nå lå til rette for å sy det hele sammen til boks form.

Jeg passet imidlertid på å få med et kapittel om alle de vi ikke fikk hjulpet – mye takket være Jorge Jensen og andre aktivister i Forbrukerrådet, som mente at folk absolutt ikke måtte ta imot hjelp fra oss. Han er trolig en av de dyreste personene den norske forbruker har vært utsatt for – forklaringen for en såpass brutal påstand er å lese i «Kundene forteller».

Alt gikk ikke som planlagt - det viste seg nemlig at Atif, som sydde sammen det forrige manuset til en bok og som i tillegg designet der forrige coveret, lå strekk ut på et eller annet sykehus i Pakistan. Dette var ikke bra – hverken for ham eller for fremdriften vår. Jeg sendte ham mine lykkeønsker og betrygget ham om at jeg ville forsøke å benytte meg av hans tjenester i fremtiden – etter han var kommet på beina igjen ... eller i det minste foran tastaturet. Så gikk jeg i gang med å hente inn nye ressurser for å gjøre manus til bok og for å lage cover.. Denne gangen kom designere fra Bulgaria og typografen – eller hva det nå heter – kom fra et eller annet sted i USA. Resultatet ble etter mitt hode strålende og jeg sørget for at den nye boken ble utgitt både som pocket og e-bok.

En egen bok med vitnesbyrd, altså. Så vidt jeg vet, den første i sitt slag! Alt dette kan en lese i sin helhet i boken «Kundene forteller».

NYTT ÅR, NYE MULIGHETER

2017 KOM I GANG og det bedre enn noe tidligere år! Ønsket i en bedrift er vel at en har full innsats frem mot ferie, for at det så kommer en brå overgang til intens ferieavvikling, igjen etterfulgt av en brå overgang til full innsats. Dette er sannsynligvis ønsket i enhver bedrift, men jeg har aldri opplevd å være i nærheten av dette – samme hvor jeg har jobbet. Inngangen til 2017 er faktisk det nærmeste jeg noen gang har vært ... så langt.

For min del, begynte det med at jeg var med i morgenmøtet første arbeidsdag etter jul, hvor jeg sa at det var veldig trivelig i tiden rett før jul. Alle som ville hadde fått jobb hos oss og alle som ønsket det, hadde fått gå på timelønn. Jeg sammenlignet litt med idretten og hevdet at vi hadde hatt det som i småskolen, der alle skal få være med og alle skal få like mye spilletid.

Nå, sa jeg, er det et nytt år! Tenk på det som en toppklubb innen fotball eller lignende. I år er det bare de beste som får være på banen. De som blir sittende på benken, de selger jeg til en annen klubb – de vil jeg ikke ha. Jeg har ingen ting imot å ha flere lag i ligaen, men benkeslitere og slike som ikke stiller på trening, eller jobb for vår del, de vil bli solgt ... kastet på dør.

Fokuset mitt gjennom denne seansen var egentlig på forsamlingen og tavlen samtidig – jeg ville at de skulle få med seg innholdet i det jeg forsøkte å kommunisere til dem. Jeg ble imidlertid så oppslukt at det hele, at jeg ikke har noen klar formening om hvordan budskapet ble mottatt. Egentlig var jo dette bare helt elementære ting, men ... mange av de som begynner hos oss har aldri hatt en sjef som pusher dem – som gir raust med den ene hånden, men som krever resultater tilbake med den andre. Dette er det slett ikke alle som er vant med. De har jo uansett sikkerhetsnettet i bakgrunnen – de kan bare gå til NAV og få lønn fra dem, uten å måtte levere noe i retur. Lønn uten innsats – det er et ødeleggende system for sunne, friske mennesker..

Innlegget mitt var imidlertid ikke ferdig. Jeg tok med et siste moment ... jeg var innom dette med at det hadde vært mye medieomtale i året som var gått og at det til tider hadde vært temmelig tøft. De nikket og var enige i dette – klart det hadde vært tøft å nå ut til befolkningen når vi ble hetset og latterliggjort gjennom mediene og når det til alt overmål var det offentlige som stod bak ... kan skjønne det hadde vært tøft..

De var nok ikke helt klar over hva som skulle komme, for jeg fortsatte med at jeg håpet det ble enda mye mer medieomtale i år og at det ble enda tøffere. Jeg håpet det ble tårer, svette og blod – jeg håpet det ble et veldig utfordrende år ... og samtidig et veldig, veldig bra år, for de som bet seg fast og gav alt de hadde!

Deretter forlot jeg morgenmøtet og salgslederne overtok. Før møtet var ferdig, hadde to av selgerne takket for seg. De to var kompiser og nummer to sluttet kanskje i sympati med nummer én, jeg vet ikke. I alle fall, den ene av dem hadde reist seg opp og uttalt at om det var slik, at en måtte prestere noe for å få lønn i denne bedriften, da var dette absolutt ikke noen plass for ham! Deretter hadde han strenet ut døren. Et par minutter senere hadde kompisen hans takket høflig for seg og fulgt etter – mulig de kjørte i lag..

Jeg var allerede i gang med andre ting på kontoret, i andre enden av lokalet, så jeg fikk ikke med meg opptrinnet. Det var sikkert like godt, for om en ansatt i fullt alvor hadde spurt meg om det virkelig forholdt seg slik at han måtte prestere noe for å få lønn ... altså om han fikk lønn i bytte mot å gjøre noe, i forskjell til hvordan han hadde det på NAV, der han fikk lønn for nettopp ikke å gjøre noe som helst, da vet jeg ikke hvordan jeg hadde reagert.

Han er i alle fall ute av selskapet nå, og godt er det. I løpet av de første arbeidsdagene i 2017 var det fire personer som sluttet – de er garantert på NAV nå. NAV er en forferdelig koloss av ødeleggelse ... og det verste av alt er at det er alle norske bedrifter og skattebetalere som finansierer hele galskapen. Jeg vemmes over hvordan norske arbeidstakere, velfungerende mennesker, ødelegges i det offentlige system. Fysj! Det er helt fryktelig.. Egentlig burde jeg kanskje funnet motivasjon til å søke meg inn i NAV, for å prøve å påvirke det fra innsiden, men det er i tillegg så smekkfullt av venstrevridde sugerør, som ikke evner å tenke på å skape verdier på egenhånd, men i stedet bruker alle sine evner på å bygge mastodonten større. Her kunne vi kanskje kommet inn på oljepengebruken ... den bevisstløse oljepengebruken ... som har gjort at vi har bygget opp en offentlig administrasjon som nå er så stor og selvforsterkende at jeg, i stedet for å tenke på hvordan jeg kan påvirke, i stedet er mer opptatt av hvordan jeg kan holde meg selv og mine lengst mulig unna alt som har med det systemet å gjøre.

Jeg tør påstå at ingen blir bedre mennesker av å jobbe i NAV. De blir gjerne flinkere til å forvalte massene og til å forsterke selve NAV-systemet, men de kommer ikke ut derfra som noen bedre mennesker, med forsterkede evner til å bidra til noe positivt eller produktivt i samfunnet – ikke med mindre de av en eller annen grunn skulle ha gjennomlevet en smertefull oppvåkning mens de var i systemet.

Nok om NAV.. 2017 begynte altså veldig bra, først ved å skremme vekk noen ubrukelige ansatte, deretter ved at samtlige av de andre løftet seg på en måte som overrasket selv meg – og jeg har stor tro på menneskets evne til å løfte seg og bidra. Aldri før har jeg sett en så stor gruppe mennesker reise seg og legge lista såpass høyt over der den tidligere lå, for så å hoppe galant over, alle som én. Det var veldig berikende å observere dem.

Selgerne var alle forbedrede utgaver av seg selv og salgslederne var akkurat som gjeterhunder, med et konstant oppsyn med flokken, holde de dem akkurat der de burde være.

Salgslederne gjorde et par andre stunt også. Blant annet hadde de kampanjer som varte kanskje én time, eller noen få timer. Dette hadde vi ikke gjort før, men det virket. Prestasjonene var betraktelig bedre enn hva de hadde vært ved utgangen av fjoråret og om vi holdt oppe dette trykket, da var himmelen langt nærmere enn noensinne tidligere.

Samtidig med at en løfter seg, slår som vanlig tvilen inn:

- Det kan ikke vare..

- Etter en topp kommer en bunn..

- De sliter seg ut og må snart ta et hvileskjær..

- De har klart store ting i korte perioder også tidligere, men det stopper alltid opp..

Både selgerne, salgslederne og jeg selv hadde selvsagt denne tvilen liggende og murre i bakhodet. Salgslederne og jeg skal gi minst mulig rom for tvilen og i stedet fokusere på hvordan vi skal kunne gjøre tvilen til skamme – det er jobben vår:

- Hva skal til for å få det til å vare?

- Denne toppen – innebærer den at vi nå har nådd potensialet vårt og at vi aldri kan komme høyere ... eller har vi mer å gå på?

- Kan vi justere hva vi sier når vi presenterer løsningene våre, kan vi bruke litt mer av arbeidsdagen på ... jobb ... og litt mindre på ting som ikke har med jobb å gjøre?

- Hvorfor har det stoppet opp tidligere? Om vi finner ut hvorfor, kan ikke dette da hjelpe oss til å unngå, eller i alle fall utsette stoppen denne gangen?

Vi måtte velge å tenke aktivt, i stedet for passivt. Lokalene våre er lagt opp slik at det er én bestemt korridor samtlige må gjennom, på vegen mot kjøkkenet, printeren, admin ... sofakroken, resepsjonen og toalettene ... et knutepunkt. Der henger salgsbjella. Hver gang vi får en ny deltaker i en av pressgruppene, plinger vi i bjella. I tillegg har vi hengt opp en stor TV-skjerm i den samme korridoren. Her kan alle følge med på aktiviteten til den enkelte, blant annet hvor mange salg den enkelte har – og hvor lenge det er siden forrige gang. Det samme gjelder utsendelse av informasjon – hvor mange informasjonspakker har den enkelte sendt ut i dag og når ble den siste sendt? Videre kan en se hvor mye tid den enkelte har brukt i telefonen ... som er vårt viktigste arbeidsverktøy ... og hvor lenge den enkelte har vært innlogget i systemene våre.

Selv går jeg forbi denne TV-skjermen mange ganger hver eneste dag. Hver gang jeg går forbi, sjekker jeg innsatsen. Dersom en ansatt har vært på jobb i eksempelvis 3 timer, men bare har brukt et kvarter i telefonen, da vet jeg noe er riv ruskende galt. Det samme er det om noen har sendt ut 15 informasjonspakker, men ikke har fått med noen nye deltakere – antakelig prater han da for mye, slik at den potensielle kunden er så overveldet av informasjon, at han ikke er i stand til å ta noen fornuftig beslutning og i stedet ber om å få tilsendt alt sammen. Når jeg ser slike ting, suger jeg med en gang fatt i salgslederne og gjør dem oppmerksom på situasjonen. Vi diskuterer kjapt hva de kan gjøre med det og så setter de i gang.

Det vil si ... det var dette vi gjorde i årsskiftet 2016 / 2017, da dette TV-oppsettet var nytt. Da viste jeg salgslederne hvordan jeg hadde tenkt da jeg bestilte oppsettet og hvordan vi kunne bruke det for ikke bare å overvåke aktiviteten, men for å hjelpe selgerne til å nå målene sine ... og enda viktigere, for å hjelpe dem å nå nærmere potensialet sitt. Alle hos oss har vist at de er i stand til å gjøre store ting. Det som er irriterende, er at en ikke klarer å ligge på disse nivåene jevnt – en ligger stort sett et godt stykke under, men enkelte ganger klinker de til og leverer resultater som mildt sagt imponerer.

IMPULSER FRA DET STORE
UTLAND

Jeg hadde sittet like før jul og lurt på hva i all verden jeg skulle finne på å gi til Bodil. Hun hadde nevnt at hun kunne tenke seg at bare hun og jeg tok oss en tur – gjerne bare en helg ... til samme hvor..

Jeg lurte litt på å dra til varmen – Stokkenes i Adrenasoft hadde nylig fått sansen for Bangkok og jeg var inne på tanken. Av en eller annen grunn endte jeg likevel på New York. Deretter gikk det kjapt. Vi skulle bo på Manhattan, i overgangen mellom Chinatown og Little Italy.

Turen var bestilt, betalt og fokuset var tilbake på jobb. Da turen ble bestilt, var jeg opptatt av årsavslutningen. Nå som turen nærmet seg, var jeg oppslukt av oppstarten på det nye året. Med ett var vi der. Vi skulle reise 10. januar, tidlig om morgenen og vi skulle komme hjem igjen ettermiddagen den 16. Den 10. var en tirsdag og søndagen i forveien, fortalte jeg Bodil at jeg måtte til Stavanger på tirsdagen. Bilen skulle på service og jeg skulle møte både regnskap og revisor. Da er vi i New York, sa hun ... oops..

Jeg fikk unnagjort møtene på mandagen og tirsdagen dro vi av gårde. Bodil og resten av salgslederne hadde forberedt en ukekampanje før vi dro, samt et par stunt av kortere varighet. Vi hadde nettopp hatt tidenes oppstart for et nytt arbeidsår og jeg var temmelig spent. Jeg er stort sett alltid engstelig for å reise bort fra kontoret – denne gangen var intet unntak. Denne gangen lå også Cato strekk ut hjemme, etter å ha operert ryggen 1. juledag. Noen gamle prolapser hadde innhentet ham. Han var operert og det hele, men han var også sykemeldt ... i alle fall ut januar..

Jeg engstet meg imidlertid helt uten grunn. Mens vi trasket mellom 15 og 20 000 skritt daglig rundt omkring på kryss og tvers av Manhattan, dundret lokomotivet full fart forover hjemme i Haugesund. Du kan ikke ha en bedre følelse enn når du er borte fra kontoret og ting fungerer i beste velgående uten deg – i alle fall for noen dager. Da er livet godt og du kan skifte perspektiv for noen dager.

Det virket som om effekten av mediekjøret og hetsingen begynte å dabbe av. Folk var igjen mer positive til å bli med i pressgruppene og vi var alle veldig motiverte for å få utgjøre en forskjell for kundene våre – vi skulle gi alt hva vi hadde for å hjelpe dem å vinne frem.

Med maskineriet godt i sving i bakgrunnen, kunne Bodil og jeg nyte New York til fulle. Vi bodde på et lite hotell i overgangen mellom Chinatown og Little Italy og derfra la vi ut på tur rundt om på Manhattan. Beliggenheten var temmelig perfekt og selv om vi brukte halvannen til to timer bort til Empire State Building, følte vi at vi var midt i hjertet av noe stort hele tiden. Manhattan er vel for et stort hjerte å regne, så vi var vel innenfor.

Jeg har alltid vært stolt av å være viking og en del av meg mener selvsagt at Norge, om ting hadde vært manøvrert annerledes i fordums tid, trolig kunne hatt verdensherredømme i dag. I så fall kunne Avaldsnes gjerne fortsatt vært kongesete. Trist, men ikke noe å gjøre med ... i alle fall ikke på kort sikt. Og ikke nok med det;

begge foreldrene mine kom fra gårdsbruk, uten å sitte igjen med så mye som en hyttetomt. Gammel, potensiell storhet er mager trøst. Det er nesten like ille som å få skattefradrag som kompensasjon for tap på aksjer. En blir ikke rik av slikt.

Jeg har også alltid likt meg svært godt i gamle europeiske byer, der en kan nyte gammel byggekunst og bli helt satt ut av hvor dyktige folk har vært – hva de har vært i stand til å få til og det med verktøy som ligger langt tilbake fra det vi har tilgang på i dag. Det er kolossalt mye fint å ta inn..

Samtidig, da vi ruslet rundt på Manhattan ... det er utrolig mye flott mennesker har fått til i nyere tid også. For noen år siden fikk jeg boken «Robber Barons» av Torgrim. Jeg tror vi har temmelig lik sans for bøker. Det var de gamle amerikanske industriherrene som var tema og boken gav en del tanker. Plutselig stod vi og kikket opp på Rockefeller Plaza. Utenfor stod Atlas, statuen som preger coveret på «Atlas Shrugged», av Ayn Rand – «De som beveger verden», som den heter på norsk. En fantastisk øyenåpner av en bok. Der stod vi og med ett var jeg oppslukt av nåtidens storhet – selv om det er en stund siden 1937, da John D. Rockefeller døde, må det vel likevel regnes som nåtid. Helt fersk nåtid er nesten skremmende effektiv – en snakker om unicorns, eller enhjørningsbedrifter, som når fantasiverdier i løpet av skremmende kort tid. Airbnb, Uber, Snapchat og alle disse – jeg har egentlig mer sansen for John Fredriksen som i en alder av et par og sytti har bygget seg opp til å bli en av de aller største. Stein på stein, men likevel i en egen liga. Ja, eller en håndverker som dominerer markedet sitt, fordi han jobber hardere og smartere enn de som ønsker å konkurrere med ham.

En av dem jeg diskuterer forretning med, Kjelsnes, driver et suksessfullt malerfirma. Hardt arbeid over tid, det gir ofte resultater. Og så lenge kundene er fornøyde med det de får, vil de gjerne ha mer. Dermed fortsetter ting å legge seg til rette for ham.

I dag ser det ut til at verdier kan blåses opp langt verre enn hva vi var vitne til i årene før IT-boblen, tidlig på 2000-tallet. Det blir spennende å se om noen norske bedrifter kan hevde seg i dette rotteracet. Det er ikke her ambisjonene til Klagehjelp ligger, men vi ønsker å være en stor aktør som kan hjelpe flest mulig med å få ordnet opp i urett. Og ... det er ikke måte på hvor mye galskap folk blir utsatt for. Så lenge vi gjør jobben vår, vil det trolig være en plass for oss i mange år.

I Norge er vi flinke til å skryte av fordums storhet – hva annet har vi? Vi var en gang kjent for å ha høy arbeidsmoral, men jeg er alvorlig redd for at dagens ordninger med NAV kan være temmelig ødeleggende for de fremvoksende generasjoner.

Vi har levd av oljen, men gått på en smell. Hvordan reiser vi oss? Skal vi støtte oss på NAV, eller skal vi stake ut ny kurs? Eller vil vi være så heldige at oljenæringen igjen vil reise seg og fø oss? Hva da med å være litt mer forutseende i fremtiden – hva med å bygge alternative næringer, mens vi fremdeles har ting som fungerer i beste velgående? Vi har oppdrett, fiske og shipping – flott. Vi skal nok klare oss, men livet går ikke ut på å overleve og klare seg..

Jeg har alltid likt Roma, London og andre europeiske byer for deres gamle storhet, for ikke å snakke om katedraler og gamle kirker, men på Manhattan ble jeg minnet på menneskets evne til å kreere store ting – at dette er en iboende egenskap også i dag. Det er vel kanskje litt merkelig at jeg måtte se på noen skyskrapere for å bli minnet på dette, men ... sånn var det altså. Det er kanskje derfor jeg er så fascinert av Grant Cardone, en nålevende amerikansk salgslegende. Jeg bruker en del tid på å sette meg inn i hvordan han tenker og opererer. I løpet av de siste 30 årene har han bygget opp store verdier, stein på stein ... og det meste er egentlig kommet på plass i etterkant av finanskrisen. Jeg har sansen for slikt. Mye heller det, enn at en blir styrtrik på en app eller noe lignende.

En skal liksom ha vist at en er verd suksessen – en skal ha fightet litt – kjent på motgangen ... der er i alle fall mine tanker om saken. Kanskje dette bunner i at dette er mine referanserammer – at det er da jeg kan sette meg inn i det hele og på en måte forstå hvor godt den etterfølgende suksessen må smake.. Godt håndverk, over tid – det har jeg stor respekt for..

Kanskje kan det ha noe med at morfar, Halvard, var treskjærer? Han kunne lage de mest fantastiske klokker, hyller, skjeer av en bjørkeplank. Han hadde jobbet som sløydlærer og møbelsnekker, men på sine eldre dager holdt han seg mye i kjelleren, der han hadde innredet et verksted. Jeg kom iblant hjem med skjeer og fjøler, hvor jeg hadde skåret ut intrikate mønstre – selvsagt etter tegninger fra morfar, samt en aldri så liten grad av håndspåleggelse.. Det gav en herlig følelse av mestring, når skjeen var ferdigpusset og klar for å henges opp ... og det gav også en temmelig OK forståelse av at det ligger mye arbeid bak å skape noe vakkert ... og at det er greit å ta imot hjelp for å nå frem.

Jeg vet ikke om dette har hatt noe å si for min vurdering av godt håndverk – eller verdien av en suksess, men kanskje? Det er godt å ha noen å se opp til. Jeg har i årevis beundret John Fredriksen – ikke fordi jeg har peiling på shipping eller hvem han er som person, men fordi han gjennom et langt liv har klart å bygge opp enorme verdier utfra en filosofi om å ha enkle forretningsmodeller og å gjøre ting i størst mulig skala.

Med Grant Cardone er det annerledes. Han legitimerer selgeryrket, et yrke jeg selv kom inn i temmelig uvitende, da jeg trodde jeg ble rådgiver i finans. I ettertid, skjønte jeg at jeg også hadde vært selger da jeg var IT-konsulent – jeg kontaktet selskapets kunder og la frem de ulike tingene jeg kunne hjelpe dem med. Ekstraservice, eller spesialsydde konsulentoppdrag, som det jo var. Etter hver skjønte jeg at jeg var en særdeles lønnsom ressurs for firmaet jeg jobbet i, og det fikk nok folk høyere oppe med seg også.

Det at en supportkonsulent dro inn så mange kroner for utførte konsulentoppdrag – det var visst noe nytt. For meg var det helt naturlig å sjekke hva som var dekket av kundenes eksisterende avtaler og ikke, for så å tilby nyttige tjenester som også lå utenfor det de allerede mottok. Jeg skapte et marked og begynte å levere i det. Jeg fant kjapt tonen med at par av supportkollegaene mine, Robert, Morten og Morten – ja, egentlig hele gjengen. Vi var en god gjeng, men det var særlig noen av oss som begynte å hente inn og utføre konsulentoppdrag for kundene våre.

Dette tok for alvor fart etter at jeg var blitt satt til å lede supportavdelingen. Jeg var selskapets yngste sjef og support gikk fra å være et tapssluk til å bli en pengemaskin. Konsulentavdelingen var ikke helt fornøyd med oss – de følte vel at vi snappet oppdrag fra dem, men det gjorde vi ikke – vi skapte helt nye oppdrag.

Et års tid senere var både support, teknisk, intern-IT, konsulenttjenester og vedlikehold samlet i samme edivisjon og jeg var satt til å lede den. Vi gjorde det særdeles bra i noen år ... helt til problemer andre steder i organisasjonen gjorde at man valgte å gjøre rokkeringer som gjorde hverdagen såpass lite forlokkende at jeg valgte å bevege på meg – og vips, så var jeg over i finans.

Jeg har alltid gått inn der det har vært en åpning, for så å bygge derfra. Egentlig hadde jeg siktet meg inn på NTH, eller NTNU som det i dag heter, like etter videregående, men endte i stedet opp på Bibelskolen i Grimstad. Mange år senere, i alle fall en god del år senere, sitter jeg altså som grunnlegger og leder av både Klagehjelp og et par andre selskap. Jeg har kommet i gang med eiendomsinvesteringer og har trolig oppnådd det mange vil påstå er mer enn nok. Det som driver meg i dag, er det å få ting til, få ting til å virke – skape noe. Det er ikke om å gjøre å tjene et bestemt pengebeløp eller noe slikt, men det er viktig for meg at det jeg driver med har noe for seg. Jeg simpelthen elsker det å skape arbeidsplasser – det er noe jeg virkelig setter pris på – det så se noen komme inn i selskapet, finne seg til rette og så lykkes med det de setter seg fore. Det er noe av det flotteste med å være bedriftseier og leder..

Nå som Steinar – menneskesønnen, odelsguten – er ferdig med videregående, har jeg et dilemma med hvordan jeg skal guide ham videre. På noen måter burde jeg kanskje pushet ham til å ta studier som krevde at han anstrengte seg til det ytterste og virkelig fikk brukt all sin mentale kapasitet, men på den annen side..

Hva om jeg selv hadde begynt å arbeide rett etter ungdomsskolen, i stedet for å ta de studiene jeg tok ... ville jeg vært der jeg er i dag? Ville jeg fått trigget byggherren i meg? Det er vanskelig. Steinar jobber i dag som selger i Klagehjelp og han er flink. Han har mengder av potensiale og på en måte kunne jeg tenke meg å sette opp et kontor i Stavanger eller noe, og fått ham til å styre ståket der borte.

Dette er en problemstilling hvor jeg absolutt ikke har noen erfaringsmessige retningslinjer å støtte meg på. Jeg kjenner ingen som har videreført bedriften sin til neste generasjon, eller som har måttet bruke tid på arveplanlegging og overføring av verdier. Dette er absolutt ikke skryt – det er rett og slett en problemstilling. Hva i all verden gjør jeg i forhold til familien og ungene? Nåja, jeg er fremdeles bare 44 år og jeg har forhåpentligvis en haug med år på få finne ut av nettopp dette. Dessuten kan vi jo være konkurs rundt et par svinger, så det hele er kanskje en unødvendig problemstilling. Nei, det er ingen grunn til panikk. Det er ingen ting som tyder på at vi skal smuldre opp og forsvinne. Vi er veldig innstilte på å utgjøre en forskjell, hele gjengen i Klagehjelp, så slapp av. Det er bare det at verden er et uforutsigbart sted..

Ellers ... til alle dere i bank og finans, bilindustri og den slags ... det er ingen grunn til å fatte håp. Vi blir nok ikke borte, hverken av mediehets eller annet skit – vi er kommet for å bli og vi skal hjelpe mange, mange flere i å vinne frem der urett er begått. Om vi er flinke nok, skal vi klare å få dette til igjen og igjen – ikke bare her hjemme, men også i det store utland.

Folk har godt av å skape sin egen suksess og vi i Klagehjelp er fast bestemt på å lykkes – det skal komme veldig, veldig mange til nytte.

Men uansett – impulser fra det store utland ... det er viktig å se storheten som omgir en og gjøre sitt for å gi storhet tilbake. Jeg hadde nok ikke behov for å reise til New York for å bli inspirert til å yte – det er ofte nok å se en av gjengen på kontoret lykkes i arbeidet, få vite om nok en kunde som har vunnet frem, en motpart som gir etter, men ... vi toppet turen med å forlove oss – på Wall Street, til og med. De har temmelig lang tradisjon for å inngå avtaler på det stedet, så vi følte vel at dette kunne være et passende sted å love hverandre troskap, eller evig lykke.

Det er greit med et avbrekk iblant. Avbrekk og avbrekk, i alle fall det å få løftet blikket og få et overblikk – det er nyttig. Vi var midtveis i januar og det kom til å bli travelt fremover.

ANERKJENNELSE

2 6. JANUAR 2017 skjedde det en hel del interessant. Det mest spennende var kanskje at en av de advokatene vi engasjerer til gravearbeider, ringte. Han var temmelig ... ivrig. Han innledet med at han måtte være i et møte om fem minutter, men at han bare var nødt til å ringe meg først. Jeg ble umiddelbart interessert..

Han lurte på om jeg hadde fått med meg at meglerhuset Nordic Securities hadde mistet konsesjonen noen dager i forveien. De var blitt avskiltet på grunn av at de hadde tradet bort pengene til de aller fleste av kundene sine i raskt tempo, i bytte mot skyhøye gebyrer ... ikke helt ulikt en del andre meglerhus..

Ja, jeg hadde absolutt fått det med meg. Jeg har faktisk benyttet meg av Nordic Securities ved noen anledninger selv, men ikke til trading. Da det begynte å komme nyheter om dem, fikk jeg det altså umiddelbart med meg – jeg hadde også fått et hint et par måneder i forveien om at de trolig ville komme til å miste konsesjonen. De hadde hatt Finanstilsynet på besøk og det var visst en viss brevveksling ... det lå i kortene at det var trøbbel i sikte.

De siste dagene hadde det virkelig stormet rundt dem. De hadde vært på nyhetene, både på nettet og ikke minst på 21-nyhetene til TV 2 ... TV 2 er flinke til å sette farge på tilværelsen – eller til å balsamere en sak såpass solid utover TV-skjermen at den virkelig engasjerer.

Advokaten lurte på om vi hadde tenkt å gjøre noe med denne saken..

Det er klart vi hadde det – vi var allerede i gang..

Vi var enige om at det trolig var lite å hente fra selve meglerhuset, men morselskapet, The Nordic Group, var langt mer interessant. Bakmennene hadde priset morselskapet til en halv milliard kroner og solgt aksjer til kundene av meglerhuset. Dermed var det altså en rekke kunder som hadde kjøpt seg inn i morselskapet basert på en hinsides høy fantasiprising. Nå satt de som deleiere av et meglerhus uten konsesjon og det hele var altså priset til en halv milliard. Boom!

Den mest profilerte av de nye eierne var nok selveste kaffekongen, Herman Friele. I og med at Nordic hadde hovedsete i Bergen, er det vel nærliggende å anta at han var inne som en støttespiller – for å støtte det lokale næringsliv. Uansett – jeg sa at vi allerede hadde hentet inn aksjonærlisten og at vi var i ferd med å sette opp en løsning.

Jeg spurte rett ut om han kunne tenke seg å være advokaten i saken. Og ja, det kunne han gjerne tenke seg – det var nettopp derfor han hadde ringt.

«Dette er hot! Dette skjer nå! Nå er det førstemann til mølla!» Han var helt tydelig klar til å sette i gang.

Fantastisk!

Cato og jeg snakket om denne settingen for nærmere et år siden. Når advokatene begynner å kontakte oss, for å be oss om å ta tak i en sak – be oss om å samle sammen massene, for så å overlevere det juridiske til advokatene. At oppdragene kommer inn som bestillinger fra advokatene.

Klagehjelp er landets klart største klageorganisator. Vi hadde noen konkurrenter en periode, en rekke copycats, som leverte en tilnærmet blåkopi av våre tjenester. Stort sett var det tidligere ansatte som stod bak disse initiativene, men ingen av dem varte særlig lenge. Vi er nemlig stadig i utvikling og vi jobber kontinuerlig for å tilby best mulig løsninger. Dermed blir blåkopiene rimelig kjapt utdatert og uten nærhet til miljøet vårt, evner de ikke fornye seg slik de må. Vi er i en særstilling slik – og godt er det. Enda et stykke lenger frem, opplever vi forhåpentligvis at advokater henvender seg om alskens oppdrag de ønsker iverksatt, for at vi kan organisere det hele. Forhåpentligvis vil det bli slik at vi ser oss nødt til å prioritere og velge hvilke saker vi skal ta tak i og ikke. Vi er ikke der i dag – men jeg håper vi kommer dit en gang.

Dagen i dag var uansett en kjærkommen anerkjennelse. Advokaten, som vi har brukt til en rekke gravearbeider tidligere og som absolutt er en dyktig advokat, så en sak som berørte en rekke forbrukere. Hans reaksjon var så å kontakte oss i Klagehjelp, for å sjekke om vi var klar over saken og så søke samarbeid for å håndtere saken best mulig på alles vegne.

Strålende!

Før dagen var omme, var tjenesten ferdig snekret og de første kundene allerede innhentet. The Nordic Group – de ville få en solid erfaring av hva landets største klageorganisator er i stand til å tromme sammen i løpet av kort tid. Denne saken ville bli spennende.

Advokaten hadde allerede vunnet frem et par ganger mot The Nordic Group tidligere, så han var veldig klar for å sette i gang. Da vi gikk i gang med å kontakte kundene, var målsetningen vår klar. Vi skulle være ferdig med kundeinnsamlingen i løpet av en uke. Boom!

MANGELEN PÅ NETTSIDER

HALVVEIS I JANUAR 2017 innså jeg at vi lå veldig godt an til å miste hele Dieselgate i både England og Tyskland. De nye, fantastiske nettsidene vi skulle fått levert før jul – de var fremdeles ikke live. Da jeg kontaktet iDrift for å få fortgang på ting, fant jeg ut at prosjektlederen var blitt pappa. Jeg ringte sentralbordet og fikk vite at utvikleren som var satt på saken hadde vært syk, men nettopp var kommet tilbake.

Helsike! Jeg fikk omsider tak i en Fredrik, som satt med jobben. Jeg ba om status og han ba om et par timer. Greit. Etter dette tok farten seg opp og etter en ukes tid så det meste ut til å være klart. Stokkenes i Adrenasoft hadde selvsagt funnet det fornuftig å flakse av gårde til Bangkok igjen. Pancake og Dinesh var visst i full sving i India, men de jobbet fremdeles med ting som var bestilt et par måneder i forveien – den generiske produktmodulen, som ville gjøre at vi kunne lansere nye produkter, systemmessig, uten at de måtte spesialutvikle hver eneste gang. En pek-og-klikk-modul, som gjorde at vi selv kunne sy opp det tekniske for hvert enkelt produkt, ved å bruke ferdige komponenter og fylle dem med selvvalgt innhold. Vi hadde nå en håndfull produkter som vi kjørte manuelt, uten at de var innom grunnsystemet vårt i det hele tatt. Det var ingen vits i å be dem utvikle hvert enkelt produkt, bare for å miste tempo på den generiske modulen. I stedet håndterte vi de nye tjenestene manuelt, mens vi ventet på at utviklerne skulle komme på plass med de de holdt på med ... det tok sin tid..

I England og Tyskland samlet nå helt andre aktører inn dieseleiere på no-cure-no-pay-basis. Altså – det kostet ikke noe å delta i pressgruppene ... med mindre man vant. I så fall var prisen mellom 30 og 35 prosent av det man vant.

Da vi bestemte oss for å ta dieselsaken til England og Tyskland, var det ingen andre på markedet – i alle fall ingen som innebar noen konkurranse. Nå var saken snudd på hodet. Nå var det sterke aktører både i England og Tyskland og de samlet inn kunder i hopetall, mens vi ventet på knottehoder som ble fedre, la seg syke eller freset rundt på scootere i Bangkok. For en herlig verden..

Det var over en million Dieselgate-biler bare i England. Om de vant 50 000 kroner hver og en kunne fått 30 prosent av dette, ville det utgjøre 15 000 kroner per kunde. Om en hadde 10 000 kunder, ville det bli 150 millioner kroner! Vi gikk glipp av et kjempemarked – hadde vi vært der, kunne vi rustet oss og vært klare for å lansere tjenestene våre i det meste av verden – det ville vært en gedigen game changer. Dette satt vi nå og så passere, mens vi ventet på at noen skulle finne ut om de skulle gidde å ferdigstille nettsidene våre anytime soon. Forbannet være lovet!

Jeg kan jo ikke legge ansvaret på hverken den ene eller den andre utvikleren – det er selvsagt mitt ansvar at jeg har valgt å legge arbeidet på det ene eller det andre stedet. Fredrik i iDrift hadde uansett tatt tak i saken, da jeg endelig kom i kontakt med ham – det var god fremdrift i arbeidet nå ... det hadde bare tatt alt for lang tid før ting hadde tatt fart. Kanskje burde jeg fått bestilt 20 utviklere i India og ikke 2?

Selv om 1 million bileiere befant seg i England, var det jo slik at det totalt var 11 millioner på verdensbasis. Jeg måtte få ræva i gir – jeg kunne ikke sitte og vente på at suksessen skulle komme og banke på kontordøra. Vi måtte bli mer Fredriksen, mer Cardone, mer Rockefeller – vi måtte få ting til å skje, fordi vi bestemte oss for det, og fordi vi tok ansvar for det og gjennomførte det på egenhånd! Vi hadde hverken tid eller råd til å sitte og vente på at andre skulle haste seg ferdig i sitt eget bedagelige tempo. Det hadde ikke vært feil, da jeg forventet at ting skulle ferdigstilles umiddelbart – det var helt nødvendig. Om vi ikke klarer å snu oss rundt og levere der og da – da vil noen andre gjøre det. Vi må være lynraske i alt hva vi gjør, ellers er vi for trege. Det er Klagehjelps dilemma ... ikke i alle ting, men i overraskende mange..

Vi måtte få nettsidene ferdige og vi måtte trolig også oppbemanne temmelig kraftig i India, slik at de fikk tatt oss igjen.

Jeg hadde ikke engang nevnt for dem at vi hadde lansert The Nordic Group-saken, der vi ville hjelpe de nye eierne av det verdiløse meglerhuset med å få tilbake pengene sine. Jeg lurte på hvor mye penger de hadde tapt. Vi hadde oversikt over rundt 150 aksjonærer og det var nok ikke småpenger det var snakk om – om en uke eller to burde saken være overført til advokaten og vår første jobb unnagjort. Vi skulle selvsagt delta i det videre arbeidet også, men da ville vi være teamet opp med advokaten. Den første etappen var kun for oss..

Selv om jeg hadde nevnt dette prosjektet for utviklerne ville de ikke være i stand til å levere funksjonalitet for den før prosjektet var ferdig innsamlet og overlevert advokat ... ikke uten at de la fra seg arbeidet med den generiske produktmodulen. Vi var nødt til å være såpass raske at andre ikke rakk å reagere før oss – også teknisk. Der hadde vi et stykke å gå. England og Tyskland var glitrende eksempler på dette. Det skulle mye til for at vi skulle ta del i Dieselgate-arbeidet der nå.. Vi måtte skjerpe oss.

EN UVANLIG FORESPØRSEL

FREDAG 27. JANUAR var Tonje og jeg i møte med advokatene som bistår oss med de ulike Acta-produktene. Vi hadde arbeidet med å samle inn pressgrupper for de ulike produktene og arbeidet nærmet seg slutten. Advokatene hadde allerede vært involvert noen måneder og strategien for hvordan vi skulle ta det videre nærmet seg ferdigstilling.

Etter DNB, var dette det klart største prosjektet vi hadde hatt innen finans. Når det gjaldt antall kunder, var Acta-arbeidet langt større enn DNB, men om en så på tiden det hadde tatt, var DNB fremdeles på topp. Da vi begynte med DNB var vi tross alt bare fire ansatte i selskapet, mens vi nå var rundt førti. Vi hadde vokst en del.

Vi ble enige om at vi skulle gjøre en segmentering, der vi plasserte kundene i grupper basert på sett med likheter i sakene deres – hvordan det hadde gått til da de opprinnelig kjøpte investeringen, om papirene var signert i det første møtet, eller om kunden hadde hatt god tid til å tenke seg om. Var investeringen belånt? Det var en rekke slike kriterier vi skulle gjennomgå.

Dette var uansett arbeid vi hadde mye erfaring med. Da arbeidet mot DNB var på sitt mest intense, hadde vi besluttet å lage systemer for å produsere klagene, nettopp basert på slike sett med kriterier. Det ble som en slags klagerobot og resulterte i at vi klarte å håndtere svært mange flere samtidige saker enn tidligere. Dette var faktisk den første jobben vi hentet inn Adrenasoft til. Det var en stor jobb og vi skulle lage et system fra scratch – noe som ikke fantes fra før. Ikke som vi visste, i alle fall.. Det tok oss et halvt år å få ferdig systemet, men du verden så bra det ble.

Det som var litt uheldig, var at advokatfirmaet Hjort rådet oss til å gå bort fra å produsere klager og over til å samle sammen grupper med kunder, for så å overlate jobben til proffene – advokatene. De mente det måtte være ulovlig det vi holdt på med; nemlig å hjelpe folk til å klage. Vi var jo ikke advokater og dette luktet rettshjelp lang vei – og det var forbeholdt advokater.

Vi turte selvsagt ikke annet enn å følge rådet deres – vi brukte tross alt nærmere 800 000 kroner på dem i løpet av en 6-månedersperiode for å bistå oss i å bli en bedre utgave av oss selv. Den bakenforliggende årsaken var all hetsingen fra Forbrukerrådet. I starten avfeide vi det med smålighet fra Forbrukerrådets side og kanskje at de kunne finne på å være misunnelige for at vi lyktes så godt med å hjelpe norske forbrukere, mens de brukte alle de offentlige midlene de mottok hvert år på Gud vet hva.. Etter hvert som kritikken fra rådet ikke avtok, men fortsatte å komme med ujevne mellomrom ... samt at de aldri ga oss noen form for honnør for at vi faktisk hjalp mengder av mennesker med å få tilbake pengene de hadde tapt ... etter hvert begynte vi å lure på om de kunne ha rett – om det var noe galt med hvordan vi opererte..

Så vi engasjerte de advokatene som vi fikk de sterkeste anbefalingene på, nemlig Hjort. Når de så endte med å anbefale oss å slutte med å produsere klager, men i stedet overlate kundene til advokatene – da kunne vi ikke annet enn å tro at dette var det beste ... at det måtte bli slik.

Og slik ble det. Den splitter nye klageroboten vår ble liggende brakk – vi turte ikke bruke den.

Senhøstes 2016 skulle vi finne ut at Den Norske Advokatforening allerede hadde sett på dette med at vi hjalp kunder med å forfatte klager. Det var Finansklagenemnda som hadde bedt se på saken. Tenk det – Finansklagenemnda var negative til at vi hjalp norske bankkunder med å klage! De burde jo vært overlykkelige for at noen brydde seg og faktisk gjorde en innsats, men nei – de ville ha oss ryddet av banen ... derfor ba de altså advokatforeningen om å grave i saken. Advokatforeningen hadde friskmeldt arbeidet vårt – dette var i 2014. Senere hadde Forbrukerombudet også tatt kontakt med Den Norske Advokatforening – også de ba foreningen gå oss i sømmene, for å finne ut om det kunne tenkes at vi drev med ulovligheter ... også denne gangen friskmeldte foreningen arbeidet vårt. Dette var i 2015.

Så ... da Hjort sterkt anbefalte oss å ikke produsere klager, men i stedet sende alt slikt over til advokater ... da hadde Den Norske

Advokatforening allerede to ganger i forkant gjennomgått praksisen vår og gitt den stempelet godkjent! Dette visste ikke vi noe om, men det burde virkelig Hjort ha visst..

Så der satt vi da. Vi la om praksisen fra å være en klagefabrikk, til å bli en klageorganisator, fordi noen av landets beste advokater ba oss om det. Hadde vi visst at arbeidet vårt var godkjent, hadde vi selvsagt ikke gjort det – da hadde vi ikke bedt Hjort om å gå oss i sømmene i det hele tatt – dette var jo allerede gjort to ganger bak vår rygg. I svaret Forbrukerombudet fikk fra advokatforeningen, var det nesten som om foreningen beklaget at de ikke hadde funnet noen ulovligheter hos oss..

Klageroboten har altså ligget brakk etter at den var ferdig, men nå, når vi skal til å segmentere de ulike Acta-kundene, for å finne fellestrekk og ulikheter i klagesakene deres, da kan vi kanskje ta den i bruk igjen. Vi får se ... det kostet oss rundt 500 000 kroner å få utviklet den, men vi har brukt ytterligere 1,5 millioner kroner i videreutvikling av systemene våre siden den gang, så ... kanskje fungerer den fortsatt, eller kanskje den er blitt en fossil, uten noen sinne å ha vært i drift. Vi får se..

Det er vel uansett på sin plass med en takk til Finansklagenemnda, Forbrukerombudet, Forbrukerrådet og Hjort for at vi fikk muligheten til å svi av uhorvelige summer på ting som kanskje ikke var helt nødvendig tross alt. Hva om advokatforeningen vår hadde gitt oss et skriv om at Finansklagenemnda hadde bedt dem gå oss i sømmene og vi var funnet uten lyte? Hva om de hadde informert oss om at Forbrukerombudet også hadde bedt dem gå oss i sømmene og at vi påny var funnet uten lyte? Det kunne spart oss en hel del. Hva om Hjort hadde sjekket om det var foretatt kontroller av oss, før de satt seg ned for å gå oss i sømmene på egenhånd? Hva med om Finansklagenemnda og Forbrukerrådet hadde vært glade for at noen hjalp norske forbrukere, i stedet for å bruke såpass mye energi på å motarbeide oss?

Uansett ... motgangen har gjort oss sterkere og vi er i dag bedre rustet til ny motgang enn hva vi var for en tid tilbake ... og det er godt – jeg er overbevist om at det vil komme mer og at det vil bli mer intenst og styggere enn hva det har vært tidligere. De vil ikke ha oss her – de vil ikke at noen roter i ting på vegne av den norske forbruker. De vil styre dette selv, uten at noen driver og støyer og tuller i egen regi.

Dette var jo interessant nok, men det var ikke dette som var den uvanlige forespørselen. Mot slutten av møtet plukket jeg nemlig opp boken «Kundene forteller». Advokatene jublet. Forrige gang vi møtte dem, hadde de fått boken «Oppstarten» – en av advokatene hadde fulgt oss ned til bilen etter møtet, for å hente en bok til hver av dem. Den gangen var de tre advokater i møtet – denne gangen var de to. Jeg ga en bok til hver av dem og ba dem slå opp på side 77 og lese kapitlet «Hva med resten av dem?» Kapitlet handlet om alle de DNB-kundene vi ikke fikk hjulpet. De tapte i snitt 75 prosent av pengene sine. I den andre enden av skalaen var de kundene vi hadde fått hjelpe. 95 prosent av disse vant frem og de fikk i snitt 70 prosent av pengene sine tilbake fra banken.

Så hvorfor ville ikke alle ha hjelp? Enkelt: Jorge Jensen i Forbrukerrådet hadde vært ute og advart mot oss gjentatte ganger i det som var av aviser og den norske forbruker tar det selvsagt til etterretning når Forbrukerrådet er ute med sterke ord – da lytter man. Jeg kom så med en temmelig uvanlig forespørsel ... jeg ba advokatene vurdere om vi, på vegne av alle kundene som ikke fikk hjelp og dermed erstatning for tapet sitt, kunne gå til sak mot Forbrukerrådet! Advokatene ble tydelig begeistret over tanken. Dette var spennende!

Det var helt åpenbart at Forbrukerrådet burde anbefalt kundene å ta imot hjelp, i stedet for å advare mot det og det var derfor ikke en helt søkt påstand fra min side at Forbrukerrådet hadde en viss del av skylden for at kundene endte med å tape rundt 2 milliarder kroner på at de ikke foretok seg noe.

De skulle se på det og komme tilbake til meg, men de synte uansett det var en veldig spennende tanke og de takket så mye for boken.

Med det var møtet slutt og Tonje og jeg satte oss i bilen og hastet tilbake til kontoret igjen. Det var fredag og god stemning. Fredager er fantastiske for oppfølging og gjengen var i full sving med å følge opp kunder – i tillegg til at det kom inn nye. Jeg sjekket status og fant at vi hadde over 250 nye kunder denne uken. Det var enda en god del timer igjen av dagen, men dette var veldige tall. Året hadde absolutt begynt bra og det bar bud om at det kunne komme opp svært spennende saker i tiden fremover.

The Nordic Group, som vi hadde startet med dagen før ... vi hadde allerede fått rundt 15 prosent av aksjonærene med oss. De var nesten like begeistret som advokaten. Antakelig ville dette bli den saken som ble først avklart av dem alle. Den hadde nylig blitt omhyggelig dekket i TV 2 sine nyhetssendinger, i tillegg til DN og et par andre steder. Saken virket temmelig åpenbar. Bakmennene hadde priset morselskapet til en halv milliard kroner, for så å selge aksjer i morselskapet til kundene av meglerhuset – datterselskapet Nordic Securities, som nå altså hadde mistet konsesjonen. Det var ingen ting som pekte på at en verdsetting til en halv milliard kroner kunne ha noe som helst med virkeligheten å gjøre – et gedigent luftslott. Denne skulle vi ta og det fort. Det var herlig å se at gjengen viste muskler – det var ingen som kunne snu seg rundt og gi et velrettet slag så kjapt og konsist som oss. Vi var en maskin – vi var farlige – akkurat slik vi skulle være. Vi måtte oppleves som farlige for motpartene, de som vi skulle gå mot. 2017 skulle bli et godt år..

UTE AV LOOPEN HOS OMBUDET

I slutten av september 2016 fikk vi plutselig, og helt ut av det blå, Forbrukerombudets og dermed også hele mediesirkusets hele og fulle oppmerksomhet. Du verden for et spetakkel. Cato og jeg var i København og klargjorde for ekspansjon til Danmark, men en del av tiden gikk altså til å håndtere pressen hjemme. Ombudet fikk det som de ville - vi befant oss med ett i tidenes skittstorm.. Dette var opptakten til månedsvis med brevutveksling mellom ombudet og oss. I starten hyret vi inn et advokatfirma som virkelig skulle være spesialister på dette med Markedsføringsloven, nemlig Advokatfirmaet Grette. De holdt til nede på Aker Brygge og var høyt aktet i advokatmiljøet. I og med at vi hadde fått selveste Forbrukerombudet mot oss, tenkte vi det var best å nok en gang plukke på øverste hylle.

Et par måneder senere og nærmere 300 000 kroner fattigere, var det fremdeles et stykke igjen. Ombudet hadde truet med alt som var av skumle ting – avskilting, bøter ... det var ikke måte på.

De siste par månedene hadde vi imidlertid håndtert tingene mot ombudet selv. Grette-advokatene hadde bistått oss da vi var i en briste-eller-bære-tilværelse – nå så vi det slik at vi kunne håndtere oppløpssiden på egenhånd.

Ombudets ivrige terrier, Christian Halvorsen, hadde meldt sin avgang – og dukket kort tid senere opp som advokatfullmektig i et advokathus i Oslo – ikke helt uventet. Så snart vi oppdaget hvor ivrig han var etter å korsfeste oss for noe – samme hva – tenkte vi vårt ... at han var på veg steder. Vi hadde hatt rett – han var nå erstattet av en Valentina Beqiri Faye-Schjøll. Hun var i utgangspunktet helt ukjent for oss, men et lite søk avslørte at hun kom fra stillingen som jurist hos Forbrukerrådet – grøss..

25. JANUAR 2017 fikk vi omsider et etterlengtet signal – Forbrukerombudet avsluttet saken. Brevet fra Valentina lød som følger:

«Vedrørende endringer i Klagehjelps avtalevilkår mv. – saken avsluttes

Vi viser til tidligere kontakt, senest deres epost den 20. januar 2017.

Vi ser av oversendt dokumentasjon at dere i stor grad har innrettet dere etter våre standpunkter. Vi ber imidlertid om at dere oppdaterer samtalemalen slik at deltageravgiften i et eventuelt søksmål fremkommer av skrivet.

Saken vil bli avsluttet uten ytterligere varsel når vi har fått oversendt oppdatert samtalemal, vi ber derfor om at den oversendes til oss innen 2. februar 2017. Vi gjør oppmerksom på at vi kan komme tilbake til saken dersom vi blir klar over nye forhold som reiser problemer etter markedsføringsloven eller angrerettloven.

Med vennlig hilsen

for Forbrukerombudet

Valentina Beqiri Faye-Schjøll

143

Juridisk rådgiver»

Endelig! Etter at Halvorsen hadde forlatt skuta, hadde saken tatt fart. De innså vel at vi var endringsvillige og ønsket å operere i tråd med deres formaninger. Jeg har mange tanker om ombudets ekstremt kraftige håndtering av denne saken. Det hele begynte tross alt med at vi hadde en bestillingsknapp plassert før og ikke etter kontraktsvilkårene på nettsiden vår. Det var hovedpoenget i starten og dette balsamerte de så over skriv på rundt 100 sider, samt at de fikk plastret ut over hele medieoppbudet hvor forferdelige vi i Klagehjelp var. Det er nesten slik at en skulle ønske de engasjerte seg mot Volkswagen de også – at også de kunne ha vært i stand til å se at det var Volkswagen som var ulven i historien og ikke Klagehjelp. Jeg klarer fremdeles ikke å se hvordan de kan være så forblindet. Hva i all verden kan det være som ligger bak?

Joda, ifølge Markedsføringsloven, var det helt feil at bestillingsknappen vår hadde vært plassert foran kontraktsvilkårene og ikke etter, men hallo ... de kunne bare tatt en telefon eller sendt oss en e-post, så hadde vi selvsagt ryddet i dette umiddelbart. Det er jo ikke slik at vi beriket oss på plasseringen av denne knappen – selv om inntrykket gjennom mediene var at det var nettopp det vi gjorde. Ombudet hadde jo uttalt at dette var noe av det verste de hadde sett innen markedsføring. Himmel og hav..

Nær 300 000 kroner på advokater, over 600 000 kroner på systemutvikling ... et lass med kunder som hadde trukket seg i frykt for at vi var kjeltringer, et enda større lass med berørte forbrukere som ikke ønsket å snakke med oss ... 15 ansatte som hadde gitt opp og i stedet meldt seg som arbeidsledige ... eventyret med Forbrukerombudet hadde kostet oss dyrt på mange måter. Dermed var det selvsagt veldig, veldig godt at det nå så ut til å være ved veis ende – for denne gang i alle fall..

REKRUTTERING

Det skal godt gjøres å erobre verden på egenhånd. Jeg har ingen slike ambisjoner, men jeg simpelthen elsker å skape arbeidsplasser!

Mine første erfaringer med rekruttering, gjorde jeg it IT-selskapet som i dag heter CGI. Jeg hadde arbeidet der som supportkonsulent i to år, da jeg ble satt som leder over supportavdelingen. Etter hvert som vi søkte etter folk, annonserte vi i lokalavisen og på Finn. Vi var et av de største IT-firmaene der ute, så det kom alltid en god bunke med søknader. De håpefulle ble først silt ut basert på CVen de sendte oss. Hadde de relevant utdannelse og var karakterene gode nok? Hadde de huller? Dersom disse tingene stemte, så vi på hva de hadde skrevet i selve søknaden. Virket det som de var interesserte og hadde noe å fare med? Så kom vi til intervjuene. Vi kjørte stort sett en runde med intervjuer, der vi tok for oss de som var mest interessante.

Deretter gjorde vi en ny sortering, før vi gjorde en referansesjekk på de som nå pekte seg ut som de mest interessante. Deretter var det klart for et nytt intervju for de svært få som fortsatt var aktuelle – så tok vi vår beslutning.

Det var absolutt ikke standard i firmaet, men om vi hadde mange søkere, hendte det at jeg begynte hele prosessen med å dele søkerbunken i to. Den ene delen kastet jeg – det var de som ikke var heldige nok til å bli vurdert. Det var ikke ofte jeg gjorde dette, men det hendte. Vi nøt godt av at det stort sett alltid var mange søkere til de stillingene vi lyste ut, men det tok svært mye tid å finne frem til de riktige.

Da jeg noen år senere var med på å søke etter ansatte til finans, da var det annerledes. Der hadde vi prestasjonslønn, eller provisjonslønn. Du fikk lønn basert på hva du hentet inn til bedriften. Dermed ble søkerbunken langt mindre, samt at de fleste av de som kom til intervju tydelig mistet interessen da de forstod at de faktisk måtte skape lønnen sin på egenhånd. Dette hadde stort sett stått svart på hvitt i annonsen, men jeg vet ikke om de ikke var i stand til å forstå, eller om de trodde de kunne snakke seg til andre ordninger. Det var alltid mange som falt fra da det seg inn hos dem at de måtte skape lønnen sin på egenhånd. De som likevel var tøffe nok til å ta utfordringen – de fikk stort sett tilbud om jobb. Så sant de ikke var kriminelle da – dette ble tidsnok oppdaget gjennom politiattesten de måtte fremskaffe. Det var et kriterie med plettfri vandel når en skulle selge forsikrings- og finansprodukter ... heldigvis. Vi brukte ikke mye tid på referansesjekker. Det var stort sett umulig å forutse hvem som ville lykkes uansett. En støvsugerselger kunne gjøre større suksess enn en siviløkonom – en måtte nesten la folk få prøve seg.

Dette var veldig ulikt erfaringen fra IT, men jeg begynte etter hvert å like denne måten å rekruttere på mer og mer. Det at folk faktisk måtte satse på at de selv var flinke nok til å lykkes i en ny jobb – at de var ansvarlige for sin egen suksess – for så å bevise både for seg selv og arbeidstager at dette faktisk var tilfelle.

Det var ikke en veldig norsk måte å tenke på – her hjemme var det liksom ikke seriøst om det ikke var fastlønn. Selv hadde jeg hatt en temmelig god lønn som avdelingsleder i IT-selskapet, samt at bonusordningene også var temmelig OK. I og med at enhetene jeg ledet leverte svært sterke resultater hvert eneste år, ble det alltid hyggelige bonuser.

Jeg synes å huske at jeg brukte min aller første bonus til å kjøpe ny vaskemaskin, men etter hvert vokste bonusene temmelig godt ... og sammen med dem også forbruket.

Der og da var det helt problemfritt for meg å gå fra tryggheten jeg hadde og over til en ren provisjonslønn i finans. Siden den tid har jeg alltid måtte sørge for min egen inntekt. Det har nok vært tider hvor jeg kunne ønske meg tilbake til en problemfri hverdag, hvor alt kunne planlegges utfra faste lønninger, faste ferieperioder og ... ja, et liv der alt var fast og forutsigbart. Samtidig er det nok slik at jeg aldri kommer til å vende tilbake – jeg simpelthen elsker å ha kontroll selv ... selv bestemme når en vil ta en tur, selv bestemme hva hverdagen skal inneholde, hva en skal satse på og jobbe med – det er en privilegert tilværelse. Jeg har aldri opplevd så mye motgang og hetsing som nå, men jeg har heller aldri vært så stolt og fornøyd med egen innsats og folkene jeg jobber sammen med. Jeg er veldig glad for at jeg kom meg ut av finans da jeg gjorde, men Klagehjelp hadde ikke vært til om jeg ikke hadde hatt den erfaringen. Det er folk som har tapt penger på grunn av at jeg presenterte produkter for dem, men det er mange, mange flere som har fått til sammen hundrevis av millioner kroner i erstatninger på grunn av den kunnskapen jeg tilegnet meg de få årene jeg levde i finansboblen. Livet jeg i dag lever er særdeles hektisk og jeg føler hele tiden at jeg går glipp av muligheter. Det er så uendelig mye vi kan utrette og oppnå, men det skal mye til å hele tiden passe på at du prioriterer rett og at du gir så mye av deg selv som det kreves. Mange missede muligheter, men du verden ... jeg trives.

I JUNI 2013, da vi lanserte tjenesten Klagehjelp, ble de ansatte plassert i Flaaten Invest. Selskapet hadde endret navn til Flaaten Invest to år tidligere, da jeg kjøpte ut de øvrige aksjonærene. Det hadde vært et finansselskap, men nå gikk det altså over til å bli et investeringsselskap. Det var jeg som var mannen bak Flaaten Invest og i en tid der finansfolkene flyktet til alle kanter, fant jeg det naturlig å sette navnet mitt på selskapet ... for å gi et tydelig signal om at jeg ikke hadde tenkt meg noe sted, men at jeg ville bli værende.

Da jeg overtok selskapet, hadde jeg i underkant av tre måneder på meg for å snu skuta, ellers ville selskapet være konkurs. Jeg strakte ut en hånd til et knippe tidligere finanskunder og inviterte dem med på eiersiden. Med deres kapital og min innsats, skulle det kunne gå. Da Klagehjelp ble lansert, var vi rundt 40 eiere i Flaaten Invest. Noen av dem hadde vært kunder av meg, men de fleste hadde vært kunder av forskjellige av kollegene mine. Etter at alle andre hoppet over til andre bransjer, var det stort sett bare jeg som ble sittende. Dermed ble det naturlig at det var jeg som hjalp dem med statusrapporter, selvangivelser og den slags ... og da jeg inviterte enkelte av dem inn på eiersiden, takket de fleste av dem heldigvis ja. De hadde hjulpet selskapet i å overleve, så det føltes naturlig å la dem få Klagehjelp. Klagehjelp var uansett bare en tjeneste, noe vi testet ut. Flaaten Invest hadde også tjenesten Hus i Varmen, som satset på formidling av ferieeiendom i Spania og USA. De hadde investert en hel del i Hus i Varmen – rundt en halv million – men inntektene lot vente på seg. Investeringen i Klagehjelp begrenset seg til noen tusenlapper – en rimelig nettside. I tillegg hadde Flaaten Invest en eierandel i selskapet Peppermint – reklamebyrået som laget logoer og nettsider for alle satsningene våre.

Jeg hadde kommet i kontakt med Jade Thompson året i forveien. Hun var en engelsk designer, som tidligere hadde jobbet i ulike engelske reklamehus, men som hadde flyttet til solen, eller Costa del Sol, i Spania. Derfra drev hun Peppermint. Jeg hadde blitt anbefalt å kontakte henne, etter at noen shady fondsforvaltere i Sotogrande hadde sett nettsidene til Flaaten Invest. De hadde vært relativt hyggelige i sin bastante påpekning av at nettsidene – som jeg for øvrig hadde laget selv – burde byttes ut ... sporenstreks. Jeg fulgte anbefalingen og Peppermint fikk bestillingen. Jeg var såpass fornøyd at jeg ble enig med henne om å opprette en norsk underavdeling, som skulle videreformidle bestillingene ned til Spania.

Det skulle vise seg at Peppermint i Spania nøt veldig godt av å ha en avdeling i lukrative Norge.

Peppermint i Norge fikk inn et knippe bestillinger, men det store konkurransefortrinnet på pris ble stadig mindre. Spanjolene nøt godt av ordningen, men det var lite å hente på det for oss. Det ble til at vi brukte Peppermint til en bestillingskanal for egne prosjekter og satsninger.

Både Hus i Varmen, Peppermint og Klagehjelp holdt til i lokalene til Flaaten Invest. Lokalene var store og gode. De fungerte nærmest som en lekegrind for nye satsninger – vi jaktet på nye inntektskilder, så da var det greit å ha en plass hvor vi kunne prøve det ut. Vi hadde for så vidt ikke noe alternativ heller – leiekontrakten var visstnok vanntett og vi var låst til lokalene til 2018. Huseier var de tidligere medeierne mine, fra før jeg overtok selskapet i juni 2011. De hadde sikret seg en god kontrakt. Vi var nødt til å finne inntektskilder før begeret var tomt..

Peppermint hadde egne ansatte, men hverken Hus i Varmen eller Peppermint klarte å holde på folk. Lønnsmodellene kunne være hyggelige nok, men de ansatte lyktes ikke i å trenge gjennom. Om konkurransen var for tøff, løsningene for dårlige, eller innsatsen for lav ...

de lyktes uansett ikke og falt fra etter kort tid. Vi forsøkte med fastlønn og med provisjonslønn – ingen ting hjalp. Vel, på fastlønn ble folkene værende i det uendelige, men de produserte ingen ting, så det var ingen hensikt i å holde på dem.

Selv var jeg primus motor og involvert i alt som foregikk. Målet med alt jeg gjorde, var å bygge inntektskilder for Flaaten Invest og den voksende aksjonærgruppen. Siden oppstarten juni 2011, hadde vi gått fra å bare være meg, til nå å være like i underkant av 40 aksjonærer. Vi hadde en rekke ulike investeringer – det meste av kapitalen vår var plassert i lite omsettelige eiendomsfond. Vi hadde verdier for flere millioner på papiret, men det var smått med kontanter. Det kostet å drive butikk og selskapet, det vil si jeg, satt med et lokale på 240 kvadratmeter, som vi var låst til frem til 2018. Dette var vel en av ulempene med å overta et selskap, i stedet for å starte et nytt ... ikke minst når det var huseier du overtok det fra..

Flaaten Invest hadde tidligere vært norKapital Haugesund AS, et selskap hvor jeg eide en tredel. Resten ble eid av Melkevik-brødrene, som også eide lokalet vi satt i. Selskapet hadde arvet en leiekontrakt på lokalene fra selskapet som hadde holdt til der tidligere; Glitnir Privatøkonomi Haugesund AS, hvor Melkevik-brødrene var eiere og ledere. Leiekontrakten til Flaaten Invest hadde altså gått i arv noen ledd og den var en kjempebelastning. Vi trengte sårt inntekter, men de ulike forsøkene hadde ikke lyktes så langt. Det hadde vært noen få salg i Hus i Varmen, men disse var det jeg selv som hadde stått for. Det hadde også vært noen eksterne salg gjennom Peppermint, men også her var det stort sett jeg som hadde ordnet det. Alle forsøkene på å hente inn ansatte hadde altså kun generert ytterligere kostnader – og nettopp kostnader var stort sett det eneste vi allerede hadde mer enn nok av.

Det var mange som ønsket å jobbe for oss, men de lyktes ikke med å få til noe som helst. Likevel ble de gjerne værende i lange tider. Det var merkelig å se hvordan folk møtte opp og oppholdt seg i lokalene temmelig lange perioder hver dag, uten å gjøre stort. Selv har jeg en temmelig stor motor og evne til egenmotivasjon, men jeg kjente det tok på å oppholde seg store deler av arbeidsdagen med folk som var som en tappekran på motivasjonen og drivet. Alle var selvsagt ikke slik, men det som gikk igjen, var at de ikke fikk det til – det ville seg ikke.

Jeg har i ettertid skjønt at det var nettopp denne motoren som var utslagsgivende. For å lykkes er en simpelthen nødt til å yte tilstrekkelig mye. Det var ikke noe feil med løsningene eller produktene – det var innsatsen det skortet på. Se på et barn som mislykkes i å sykle ... selvsagt mislykkes det i starten – det har jo aldri syklet før. Det som er så fascinerende med barn, er at de ikke gir opp. De forsøker igjen og igjen og igjen ... de gir aldri opp, og etter hvert lærer de å sykle. Hver gang. Barn har nettopp den motoren som skal til, så hvorfor er det da slik at mange av oss mister denne etter hvert som vi vokser til? Det er kun de med større motor enn folk flest som vil lykkes i større grad enn folk flest. Det har med innsats å gjøre, ikke talent. Dette har jeg sett igjen og igjen – de som lykkes over tid, er de som har høyest innsats over tid.

Nå som vi dro i gang Klagehjelp, hadde vi vært ute for å hente inn folk igjen og vi hadde lyktes godt. Det var hele fire nye som kom inn; Lind og

Torkelsen, Dagsland og Solås – i tillegg til Hauge som jeg hadde klekket ut idéen om Klagehjelp sammen med. Med så mange nye, var det kun provisjonslønn som var aktuelt – ellers kunne kassen være tom i løpet av kort tid. Vi hadde noen PCer liggende og telefonabonnement med binding var det nok av. I tillegg var kontorene allerede fullt møblert, så det var bare å komme i gang – på provisjonslønn, vel og merke. Kostnadene var allerede på plass, nå kunne inntektene bare komme.

1. JULI 2013 etablerte jeg selskapet Flaaten Consult AS. Dette var første gang jeg opprettet et aksjeselskap helt i egen regi. Ved å samle all lønnskjøring i ett selskap, ville det være en del synergier å hente – effektivisering på noen områder og innsparing på andre. De ansatte ble flyttet over i Flaaten Consult, som igjen leide ut ressurser til Flaaten Invest, Klagehjelp og Peppermint.

Flaaten Consult hadde et lite påslag utover lønn og sosiale kostnader – en måtte sikre seg med tanke på sykdom og de kostnadene som alltid var vanskelige å forutse, men som garantert ville komme når det passet som minst; de uforutsette kostnadene. Kanskje, om folk holdt seg sunne og friske, kunne dette være en fremtidig pensjonssparing for meg? Jeg hadde hatt år med fantastisk inntjening, men også år med veldig lav inntjening. Jeg husker, fra tiden i finans, at en kunde hadde pekt på bibelfortellingen om de syv fete og de syv magre år. Jeg hadde et håp om at perioden med magre år snart var over for denne gang og at jeg kunne begynne å høste igjen. Flaaten Consult kunne være en måte å bygge noen egne verdier på. Dersom folk holdt seg friske og leverte i de selskapene de ble utleid til, ville det hele tiden falle noen kroner inn i Flaaten Consult. Dette var selvsagt forutsatt at folk holdt seg friske og at de begynte med noe helt nytt – nemlig å levere. Det var absolutt en sjanse å ta, men om jeg lyktes, kunne jeg også leie ut ressurser til andre selskap – slik som Innleie & Rekruttering. Nåja, Torgrim ville nok ikke ha noen konkurranse inn i sine jaktmarker, men ... om folk holdt seg friske og leverte..

En helt klar fordel var meg selv – om jeg gjorde det godt fremover, kunne jeg la penger bli liggende igjen i selskapet, i stedet for å ta alt ut i lønn. Pengene kunne brukes som sikkerhet for svake perioder, samt til videre vekst. Jeg var innstilt på å øke innsatsen – jeg hadde mye å gå på. Jeg var 41 år og full av energi.

For å dekke inn litt av pengesluket på lokalene, hadde Flaaten Invest leid ut deler av lokalene. Det første selskapet som flyttet inn, var bemanningsselskapet FinnPersonal. De huset Torgrim Andersen hos oss. FinnPersonal var lokalisert i Stavanger, men Torgrim var en av de beste folkene deres og han var herfra. Han hadde dagpendlet til Stavanger i lange tider, men nå hadde han begynt å orientere seg mer i markedet i og rundt Haugesund. FinnPersonal fant det naturlig å ordne med et kontor for ham på hjemmebane – bra for oss. Vi holdt til i det som tidligere hadde vært et finanskontor, så vi kunne blant annet tilby et flott konferanserom og en overdimensjonert kopimaskin ... i tillegg til en rimelig leiekontrakt. Vi ville absolutt ha noen inn til å dekke inn noen av kostnadene, så vi var temmelig medgjørlige.

Jeg kjente allerede Torgrim fra før, han var en god kamerat av den ene svogeren min. Kjente til er vel mer korrekt, men nå som han flyttet inn, fant vi fort tonen og i ledige stunder diskuterte vi business. Det var herlig å få inn noen som en kunne diskutere med – det å få testet ut tanker i hodet til en sparringpartner i stedet for å teste dem ut i det virkelige liv, det var et skritt i riktig retning. Det var godt å ha hodet hans å røyne seg på.

Det tok ikke lange tiden før Torgrim trådte ut av FinnPersonal og etablerte sitt eget rekrutteringsselskap, Innleie & Rekruttering AS. Nå som han hadde flyttet mye av fokuset fra Stavanger til Haugesund-regionen, oppdaget han kanskje at markedet var større enn først antatt? Han etablerte seg i våre lokaler og livet gikk videre.

8. AUGUST 2013 ble Klagehjelp AS etablert – vi så at tjenesten hadde livets rett og valgte å kaste oss i det, i stedet for å avvente og se det hele an. Flaaten Invest hadde fått seg et datterselskap. Vi hadde egentlig forventet at det var Hus i Varmen som skulle være det første av de to til å bli et eget selskap. Det var der pengene var blitt investert – Klagehjelp var ikke noen investering i det hele tatt. Jeg hadde lansert idéen for styret og de hadde akseptert at Klagehjelp ble lansert som en tjeneste under Flaaten Invest. De hadde investert noen få tusenlapper i å få Peppermint til å lage nettsidene og nå var det kostnaden med registrering i Brønnøysundregistrene. Totalinvesteringen i Klagehjelp AS var trolig på rundt 30 000 kroner. Det skulle fort vise seg å være en gullkantet investering for investeringsselskapet.

Rekruttering ble fra nå av en viktig del av tilværelsen. For at Klagehjelp skulle kunne vokse, trengte vi flere folk. Det var ikke skutt inn noen startkapital, så vi kunne ikke risikere fastlønn – i stedet sydde vi sammen en lønnsmodell som var temmelig raus, men baserte seg på hva selskapet hentet inn av inntekter.

Innleie & Rekruttering kunne rekruttering til fingerspissene og hadde tester og systemer for å hente inn de riktige ressursene. Jeg hadde gjennom mine år som leder rekruttert en mengde mennesker selv, men nå som vi skulle bygge opp Klagehjelp, hadde jeg nok en langt enklere tilnærming til det hele. Jeg var ikke redd for å ta inn ressurser, for så å la dem prøve seg. Om de tok vare på muligheten og viste tegn til dugelighet, lot jeg dem fortsette. Både de og jeg fant fort nok ut om de ikke la igjen det som måtte til for å lykkes i et ungt selskap i rask utvikling. Det som var sannhet den ene dagen, kunne være i endring den neste. Rettere sagt – det meste var i endring hele tiden – slik var det med en oppstart. Dessuten hadde vi startet opp i en bransje som ... ikke *fantes!*

Vi så det kanskje ikke helt klart den gangen, men vi har sett det etter hvert. Vi har hatt et par copycats, selskap som har tilbudt samme tjenester som oss. De har imidlertid gjerne vært satt sammen av tidligere ansatte og har tatt utgangspunkt i tidligere versjoner av våre kontrakter og løsninger. Uten vår evne til fornøyelse, har de stort sett vært fossiler allerede fra oppstart. Konkurranse har aldri vært noen utfordring for oss – kun vår egen evne til å være på hugget og til å være aktuelle i markedet.

Da vi høsten 2016 presenterte Klagehjelp i Danmark og England, var tilbakemeldingene helt klare – denne typen tjeneste fantes ikke, hverken i Danmark eller England. Riktignok var det mange selskap som tilbød hjelp til så mangt, men ikke slik som oss – ikke gjennom pressgrupper og spleiselag.

Dermed var vi egentlig dømt til et liv i endring – alt vi satte i gang med måtte gå seg til, vi navigerte etter stjernene og de av oss som trivdes med det, vi hadde en enestående reise.

I løpet av et par år skulle de av oss som ble værende venne oss til at i Klagehjelp, der er endringer normalen. Slik er det nok i mange selskap som vokser – det som passer når en er fem ansatte, passer ikke nødvendigvis når en er ti og så videre. Det var mange omlegginger og justeringer – mange syntes dette var slitsomt, men mange trivdes i en skiftende tilværelse. Vi hadde i alle fall en spennende hverdag – ikke minst når avisskriveriene tok fart i 2014.

Ulempen med å ha en veldig lav terskel på kravene til formell utdanning, var selvsagt at vi fikk alt mulig rart inn i selskapet. Vi var ikke så opptatt av utdannelse, tidligere jobberfaring, referanser ... vi så etter noe helt annet – motoren, drivet, evnen til å holde ut og gi alt hva en er og har. Jeg kan tenke meg at det er slike ting militæret finner frem til i de såkalte helvetesukene. Det vi så etter fantes ikke på papir – det måtte oppdages i den enkelte. Vanligvis er folk ikke bevisste hvilken motor de har opparbeidet seg – hvilket driv de har. Dette er absolutt ting som kan øves på og utvikles, men den første leksen hos oss, var å bevisstgjøre dem på det – at dette ville være avgjørende for deres suksess. Det var faktisk her de fleste falt av, når de oppdaget at vi krevde noe helt spesielt av dem – nemlig alt hva de hadde å gi.

Krav til formell utdanning kunne nok avverget en del uheldige rekrutteringer. Vi fikk imidlertid kvittet oss med de som ikke passet inn etter hvert. I starten var vi kanskje ikke så flinke til å få ut igjen de som egentlig ikke passet, men etter hvert som tiden gikk, lærte vi å bli stadig flinkere til å forme organisasjonen. I starten hadde vi kanskje ikke så mange alternativer heller. Om vi henvendte oss til NAV og tilbød oss å ta inn folk på tiltak, fikk vi klar beskjed om at dette ikke var aktuelt – de sendte ikke folk inn i provisjonslønnet arbeid – de krevde fastlønn. Jeg kunne argumentere med at NAV kunne betale de ansatte dagpengene, fratrukket det de tjente hos oss i oppstarten, for så – når lønnen hos oss oversteg dagpengene – slippe taket i «klientene» sine. Dette var imidlertid helt uaktuelt. Dersom de jobbet, falt dagpengene bort.

De som hentet inn nye kunder for Klagehjelp, fikk nemlig lønn i etterkant av innsatsen og det var dette som gjorde det problematisk overfor NAV. Dersom en eksempelvis kontaktet en person som hadde tapt penger på et eller annet produkt den ene dagen, ville vedkommende stort sett ha oversendt noe skriftlig informasjon, slik at han i ro og mak kunne sette seg inn i saken. Fortrinnsvis ville han ha dette oversendt per post. Dermed gikk det gjerne en liten uke før han fikk informasjonen tilsendt – så skulle han finne ledig tid til å sette seg ned med det..

Om vi så snakket med vedkommende igjen en uke eller to senere, ville vedkommende – om han hadde hatt tid og lyst til å sette seg ned med informasjonen innen den tid – gjerne bestemme seg for om han ville bli kunde eller ikke. Dersom han bestemte seg for å bli kunde, ville den ansatte så sende ham et nytt brev med aktuell informasjon, sammen med faktura for igangsettelse av oppdraget.

Om kunden så, uten noe videre om og men, betalte innen forfallsdato, ville den ansatte få lønn for innsatsen den 20. samme måned – eller neste måned, om den 20. allerede var passert når innbetaling fant sted.

For en nyansatt, som først skulle sette seg inn i hva vi drev med, for deretter å venne seg til å snakke med vilt fremmede i telefonen, for så å bruke noe tid på å få sendt ut informasjon, deretter gjøre oppfølging og så omsider begynne å hente inn kunder ... vi kunne gjerne ønske at de ansatte kunne få en krykke å støtte seg på i oppstarten – men noen slik ordning fantes ikke.

I tillegg til det å finne frem til de riktige ressursene, måtte vi få de i stand til å tåle skyllebøttene som var å lese om oss i mediene. Etter hvert som folk lyktes hos oss og fikk en forståelse av den viktige jobben vi gjorde, ble de mer hardføre overfor medieomtale. Nyansatte var imidlertid svært sårbare og ved hver skyllebøtte var det enkelte som falt fra. De var vel oppvokst med å tro på det som stod å lese i avisene, uten tanke om at det kanskje lå en agenda bak – at artikkelen kanskje hadde et mål om å skremme bort kunder og paralysere antatte. For oss som overlevde og ble værende, var det helt opplagt at det var en agenda bak mange av skriveriene. de gav uttrykk av å ha forbrukernes beste i tankene, men det var åpenbart at dette ikke var tilfelle.

NYANSATTE var altså utsatte, men de som kom seg gjennom den første tiden, ble gjerne desto mer hardføre. En felles problemstilling var imidlertid at de aller fleste vi fikk inn, levde fra hånd til munn. Mange manglet rett og slett kontroll over og styring på privatøkonomien ... ofte kombinert med at de hadde ryggen full av forbrukslån og den slags. Jeg lurte på om dette kunne være en felles tilværelse for mange selgere, at de er såpass positive og har såpass fremtidstro, at det ikke synes å ha noen hensikt å legge til side noe av lønnen? Jeg vet ikke – kanskje er det simpelthen en fremvoksende virkelighet at folk samler opp dyre forbrukslån ... de blir tross alt ikke et opplevd problem før en ikke lenger klarer å håndtere dem.

Mange av våre nyansatte var raka fant noen dager før neste lønning kom inn på konto – uavhengig av hvor stor forrige lønning hadde vært. I og med at vi fra januar 2014 begynte å vinne frem på de aller fleste av sakene våre, ble lønningene temmelig hyggelige. Likevel var det rett som det var noen som hadde behov for forskudd. De hadde også gjerne en rekke gamle betalingskrav – ting som ble trukket fra lønningene før pengene kom på konto.

Jeg lurte på om dette var et problem som gjaldt oss mer enn andre, men da jeg orienterte meg litt rundt, forstod jeg at dette var temmelig utbredt. Personlig økonomi burde nok vært et fag i skolen – folk læres opp til å kunne foreta temmelig avanserte utregninger og de skal kunne skrive både nynorsk og bokmål ... og analysere dikt på begge målformer ... men det å vite hva de skal gjøre med lønnen sin, for å få den til å strekke lengst mulig – det har vi stort sett ingen innsikt i. Sparing var liksom noe vi sluttet med da bankbøker og sparebøsser forsvant. Det er skremmende, rett og slett.

Jeg opplevde det samme da jeg jobbet i finans. De fleste av de vi var i kontakt med, brukte opp det de tjente – uavhengig av om de jobbet som vaktmester eller riggsjef. Det som kom inn på konto, det forsvant også ut. For mange forsvant det mer ut enn hva som kom inn, for forbruket var ofte basert på inntekt kombinert med fremtidstro.

Dette var altså ikke et unikt selgerproblem og slett ikke et unikt Klagehjelp-problem – det var temmelig utbredt ... og det var et kjempeproblem! Det blir en kost-og-losji-tilværelse..

Jeg har seriøst vurdert å ha en innføring i personlig økonomi for de ansatte. Dette er trolig et kurs vi kan selge inn til en rekke andre bedrifter også. Det er fryktelig frustrerende å se hvordan pengene fordufter kort tid etter lønnskjøring. Folk presterer stort sett dårligere når de har økonomiske bekymringer hengende over seg. De må gjerne ha appetitt på gode lønninger, men ting bør også være på stell. Her skal vi nok ta noen grep i tiden som kommer. Det er et så generelt problem at vi blir nødt til å gjøre noe med det. Det er såpass generelt at det burde vært håndtert innen skoleverket. Jeg er opprinnelig utdannet allmennlærer og hadde et par år i skolen, før jeg beveget meg over i IT. I skolen skal ungene forholde seg til formler for det meste innen matematikken. De har i utgangspunktet en temmelig praktisk tilnærming – alle små barn har det. De kan diskutere temmelig avanserte regnestykker gjennom ren logikk, men i skolen læres de til å gjøre det meste gjennom formler. Det er vel og bra, men den praktiske anvendelsen, forståelsen – den fordufter etter hvert. Når en så i voksen alder skal begynne å håndtere penger, har en stort sett ingen forståelse for penger. Det at en bør tjene pengene før en bruker dem, det at en bør prioritere i forbruket sitt og det at en bør ha et fokus på inntekten sin – alt dette er liksom helt fremmed for overraskende mange.

Det er mange år siden jeg begynte å fokusere på inntekten i stedet for forbruket. Forbruket kan en relativt enkelt få kontroll på, men det krever disiplin å håndtere forbruket over tid. Inntekten derimot, den krever et kontinuerlig fokus. Om en er misfornøyd med den lønnen en har i dag, så kan en i hovedsak velge mellom to strategier. En kan velge å gå rundt og være misfornøyd ... og se hva som avstedkommer av den strategien. Eventuelt, kan man velge å gjøre en solid innsats i den stillingen en har. Enten vil lønnen da bedre seg, eller det vil åpne seg muligheter for å bruke eksisterende stilling som et springbrett inn i nye muligheter.

Mange av de vi har hyret inn til Klagehjelp gjennom årene, har vært positive idet de har kommet inn, men når de eksempelvis har møtt på motstand gjennom avisskriverier – enten direkte, eller fordi de som de kontakter forteller hva de mener å ha lest – har motivasjonen falt. Idet motivasjonen faller, faller gjerne også innsatsen. Så snart innsatsen faller, er de på veg ut av selskapet – det er stort sett bare tiden det tar som er forskjellig ... om man ikke får en oppvåkning da. Det er fullt mulig å snu enda, men om en ikke klarer å samle seg, da er løpet gjerne kjørt.

En ser det gjerne på at de kommer slepende inn like før morgenmøtet ... og vi har ikke morgenmøtet før 08:45! I tillegg pakker de gjerne sammen sakene sine i tretiden. Da har de altså 6 timers arbeidsdag – før en trekker fra lunch. La oss si 5 ½ timers dag. Det tilsvarer 73 prosents stilling. Da burde en forvente 73 prosents lønn, eller? Klagehjelp har som nevnt hatt en lavterskelrekruttering hele tiden og vi er faktisk veldig stolte over nettopp det. Vi er stolte av å kunne tilby jobb til de som mange andre ikke vil ta inn. Det gjør det gjerne vanskelig å få inn personer som mener seg bedre enn de rundt seg – vi har hatt eksempler på dette også. Folk som har kommet inn i selskapet, men som i løpet av kort tid har kommet på kant med mange av de rundt seg. De tolererer ikke det de mener er tull og fjas og forventer å bli satt på en eller annen pidestall. Slike mennesker passer definitivt ikke inn i Klagehjelp. Hos oss må man være raus og åpen for at folk er forskjellige.

En skal kunne oppføre seg – særlig overfor kunder, men en skal også være fleksibel og akseptere at folk er skrudd sammen på så uendelig mange forskjellige vis. Primadonnaer har vi ikke bruk for, men heller de som legger fra seg arbeidsoppgavene for en stund, for å bistå når andre har et eller annet de trenger hjelp til – det være seg en kundesak, en kopimaskin som har hengt seg opp, et konferanserom som må ryddes, et rom som skal innredes ... vi er et selskap i vekst og vi trenger fleksible ansatte, folk som ikke er redde for å ta i et tak, uten at det gir en umiddelbar gevinst. De fleste av våre ansatte er nettopp slike mennesker. De vil hverandre vel og de gir villig av seg selv hver dag. Det er en fantastisk gjeng å arbeide sammen med. Selv om jeg stort sett kommer først om morgenen og stort sett går en god stund etter de fleste andre ... for ikke å snakke om alle timene på kveldstid på kontoret hjemme ... så er jeg veldig takknemlig og stolt over det kollegiet vi har lyktes i å bygge. Vi er en stor familie, vi diskuterer og krangler, ler og fjoller ... og jobber på for å nå ut til flest mulig med budskapet vårt: Vi ønsker å hjelpe!

Rekruttering er ikke enkelt, men vi tar på sett og vis litt lett på det. Vi har fått inn fantastisk flinke folk på denne måten og de som blir værende hos oss, det er rause, trivelige og hardtarbeidende mennesker. Det er nok en utradisjonell måte å rekruttere på, men jeg ville ikke byttet ut mannskapet vårt med noen som helst. Jeg tror rett og slett vi har lyktes i å bygge et av de aller beste mannskapene som er å finne. Vi krangler og styrer, men vi har et samhold og en fells tro på at det vi gjør hver dag virkelig betyr noe. Det er rett og slett en fantastisk gjeng. Vi er absolutt ikke ferdig med å forbedre og utvikle oss, men vi er stadig på veg til å bli bedre utgaver av oss selv – og nettopp det er det rom for hos oss.

Likevel, selv om vi er såpass åpne som vi er, for at folk skal få komme inn og prøve seg, synes jeg det er overraskende mye arbeid som skal til for å få inn nye ansatte. Det er nok gjerne slik at medieskriveriene maler et bilde og danner et inntrykk som gjør at mange ser en annen vei når de søker arbeid. En kan ikke klandre dem – det er en helt naturlig reaksjon å styre unna de som blir hetset. En har en iboende trang til å tro det som står å lese i avisene. Jeg har for lengst blitt mer opptatt av å skape nyheter enn å lese nyheter. Som Mark Twain sa: «Om du ikke leser avisen, er du uinformert. Om du leser avisen, er du feilinformert.» Jeg har nok blitt temmelig enig i dette etter hvert som Klagehjelp har vært i avisene. Jeg hadde i utgangspunktet tanker om at journalistikken var nøytral, men den tanken har jeg for lengst lagt fra meg.

ET SNEV AV STAMMEKULTUR

EN TENKER IKKE ALLTID OVER DET, men det er ekstremt viktig at de ansatte tenker i de samme baner som ledelsen og at ledelsen har en plan og et budskap. En av de beste måtene for å sikre dette, er gjerne at viktige beslutninger, der en setter retning og den slags, forankres ned gjennom hele organisasjonen.

I julen 2016, hadde jeg mye tid til å tenke gjennom hvordan organisasjonen vår var, hva vi holdt på med, hvor vi var og hvor jeg ville vi skulle være. Vi var på veg i riktig retning, stort sett, men vi var et godt stykke unna der jeg ville vi skulle være – der vi burde være. Alt for mange av de ansatte hadde jobben som en oppholdsplass, et sted å tilbringe dagene. Misforstå meg rett, vi hadde mange flinke folk, men jeg var overbevist om at det bodde en hel del mer i dem, enn hva de fikk frem i det daglige. Dette var ikke kun deres problem – det var vårt problem.

I tiden før jul, hadde vi tilbudt alle som ville det å gå over på en lønnsmodell der de fikk både timelønn og bonus. Alle administrative ressurser var allerede på timelønn, men nå fikk også alle selgerne tilbud om det. De hadde frem til nå utelukkende vært lønnet utfra hva de bragte til torgs – altså i forhold til hvor mange nye kunder de fikk inn til selskapet. Det var på mange måter en velfungerende byttehandel – de byttet kunder mot lønn. Det var nesten noe viking og opprinnelig over en slik modell.

Nå som svært mange var over på timelønn, dukket nye problemstillinger opp. Enkelte førte flere timer enn antallet timer de var på jobb, de trakk ikke fra lunchen ... de førte timer for dager hvor de engang ikke var på jobb.. Forhåpentligvis var det meste av dette på grunn av at de var bevisstløse i gjerningsøyeblikket, at de ikke fikk med seg at de registrerte feil, men det var like fullt feil – den typen feil som kostet selskapet dyrt. Særlig overrasket ble jeg likevel av administrasjonsgjengen – de som hadde gått på timelønn i halvannet år. Tirsdag 3. januar var jeg innom kjøkkenet og fant meg en kopp kaffe i lunchtider. Der satt admin og diskuterte over maten. Da jeg hadde fått fylt opp koppen og var på veg ut døren igjen, spurte en av dem om hvordan det var med timeføring for 2. Juledag. Jeg hadde heldigvis ikke nettopp tatt meg en slurk. Var det noen av dere som jobbet 2. Juledag, spurte jeg forskrekket. Nei, nei, de bare lurte på hvordan det var med timene den dagen, det var jo en helligdag ... de hintet om timeraten. Jeg ble helt perpleks ... vi fører jo ikke timer for dager vi ikke er på jobb, sa jeg – jeg trodde de tullet med meg.

Men neida, de tullet ikke..

En god halvtime senere satt jeg med ned i kontorstolen. Jeg hadde rukket å bli oppringt av Cato, som var sykemeldt etter en ryggoperasjon. Admin hadde ringt ham også om dette med timeføring 2. Juledag – siden jeg ikke hadde vært særlig medgjørlig. Jeg kunne ikke snakke særlig lenge med ham, for mens vi snakket var jeg på full fart tinn til admin, innerst i lokalet. Jeg var fast bestemt på å forholde meg rolig, fattet, men bestemt. Det endte meg at jeg eksploderte. Jeg var så eitrende forbannet at jeg ikke er helt sikkert på hva jeg sa mens jeg stod der inne og fortalte om hva jeg syntes om tankegangen.

Da jeg var tilbake i kontorstolen, var jeg i alle fall temmelig trygg på at det ikke ville bli ført timer for 2. Juledag. Det var da noe. Jeg tror ikke dette opptrinnet virket til å bygge noen særlig stammekultur, men det viste vel kanskje at vi hadde huller – at vi ikke tenkte i samme baner. Det var ikke bra.

Nå var dette en sær detalj, men den fikk likevel frem at vi hadde grunnleggende forskjeller i tankesett. Det er ikke bra. At timeførende ressurser kan ha en trang til å tenke kreativt i selve timeføringen, er kanskje ikke annet enn å forvente, men det beror selvsagt på en misforståelse.

En fører ikke timer for å føre timer – en fører timer fordi en har gjort et stykke arbeid som fortjener lønn. I praksis fører en for oppmøte, men byttehandelen mellom arbeidsgiver og arbeidstaker ligger selvsagt i bunnen for det hele – en bytter innsats mot lønn – altså skal en også yte noe, den tiden en er på jobb. Selvsagt.

Igjen kan jeg ikke la være å bekymre meg over at NAV påvirker hodene våre – at vi har gjort oss fortjent til lønn uten at vi har ytt noe.. Et slikt tankesett er helt fremmed for meg, det er kanskje derfor jeg blir så overrasket, forferdet, når det kommer til overflaten.

Det er ikke alt en skal tenke likt om, men enkelte ting – i alle fall i et produserende salgsmiljø, som vårt ... det er en del ting som bør være felles. En god del ting – miljøet er såpass intenst at vi må alle passe på å begrense oss selv en smule, samtidig som vi forsøker å være tolerante og rause i forhold til de rundt oss ... men lett er det ikke. Vi er helt avhengige av hverandre, så det går litt på å gi og ta. Sammen er vi sterke!

FEILANSETTELSER

INGEN OFFENSIV SATSNING UTEN FEILTRINN, det er vel temmelig åpenbart. Jeg husker fra tiden i finans, at det var enkelte kunder jeg angret veldig på at jeg tok inn ... i ettertid. Akkurat der og da var jeg i øyeblikket og hadde et eller annet salgsmål eller noe slikt å oppnå. Dessuten var de gjerne anbefalt fra en annen kunde, eller de var på en eller annen ringeliste jeg satt med. De kunne være skeptiske og spydige i møtene, men endte like fullt opp som kunder ... selvsagt ikke alltid, men rett som det var..

Der og da gav det en inntjening, men du verden ... jeg skulle gjerne vært foruten denne, om jeg bare hadde sluppet å forholde meg til enkelte av dem i ettertid. Jeg husker blant annet én kunde, som klaget på at jeg ikke forutså en dupp i markedet i mai 2007. Kunden hadde investert noen penger i aksjefond – målet var at pengene i løpet av 5 år skulle vokse nok til å finansiere nytt kjøkken. Etter noen måneder kom altså en dupp i markedet og verdien av fondene sank med 40 000 kroner. Kunden ble rasende og klagde.

Jeg pekte på at det var meningen at fondene skulle finansiere et kjøkken fem å frem i tid og at fondene, som nevnt i tidligere møter, ville komme til å svinge både opp og ned i den perioden – forhåpentligvis mest opp. Kunden gav seg ikke og klagde til sjefene mine. Dumsnille som de var, gav de kunden 40 000 kroner i kompensasjon. Jeg syntes det var helt latterlig.

Kunden ble ikke fornøyd av den grunn. Flere ganger senere benyttet han anledningen til å slenge dritt – om meg. Profesjonell som jeg var, svarte jeg aldri noe negativt tilbake ... men ... om det var jeg som stod vakt ved Perleporten den dagen han kom gående for å sjekke mulighetene for å slippe inn – da hadde det nok båret rett i motsatt retning for vedkommende. Møkkafolk..

Nåja ... det er bare når jeg graver frem disse tingene at de irriterer – sikkert fordi jeg aldri tok til motmæle..

Gjennom 2014, da Klagehjelp hadde fått hull på DNB-byllen og kontinuerlig tok inn nye ressurser, lå terskelen lavt nede. De som ville ha jobb, de fikk. Som en ung, liten bedrift i Haugesund, var det i utgangspunktet vanskelig å få tak i ressurser – dette var godt og vel et år før oljebremsen slo inn..

Vi fikk likevel tak i folk, men de var så ulikt skrudd sammen, at enkelte av dem som kom inn ikke taklet å omgås hverandre. Vi var et fargerikt fellesskap, kanskje særlig når det gjaldt personligheter. Enkelte lot til å ha opptil flere personligheter helt på egenhånd, så det var til tider utfordrende.

En av de som jobbet der på den tiden, og som faktisk var en av de flinkeste vi hadde, er en av de ressursene jeg kanskje angrer mest på at vi i det hele tatt tok inn. Jeg kan ikke ta igjen intervjuet – jeg tror kanskje ikke jeg var delaktig i det. Vi kom kjapt opp i et antall som gjorde at jeg fikk på plass et par salgsledere – den første salgslederen var samboeren min, Bodil. Hun var fra før en av de beste selgerne våre og hun hadde en helt spesiell evne til å spre engasjement og motivasjon. Om det var meg,

Bodil eller andre som fikk inn denne ressursen, det husker jeg ikke.

Uansett, vår nyansatte selger gjorde det veldig godt ... lenge. Hun drev imidlertid med en rekke andre ting ved siden av jobben. Hun klarte fremdeles å yte på jobben, men det var åpenbart at deler av hodet var andre steder. Samtidig begynte hun å navigere internt i selskapet, ved å sette ut små rykter og usannheter. Da Bodil og jeg sommeren 2015 var i Spania med ungene, klarte hun på mange måter å kapre selskapet – de øvrige selgerne oppfattet det som at hun hadde fått myndighet til å styre ståket i vårt fravær. Dette var langt fra sannheten, men vi hadde ikke forutsett hvor utspekulert hun kunne være. Da Bodil og jeg kom tilbake på kontoret igjen, var det fullt av interne konflikter, rykter og støy. Jeg bestemte meg for å stenge ned kontoret neste gang vi reiste på ferie. Selgerne var i konflikt med administrasjonen og hver gruppe hadde en rekke interne konflikter i tillegg. Det tok lang tid å nøste opp i ting og etter hvert viste det seg at det var denne selgeren, med ambisjoner om å bli salgsleder, som stod bak det aller meste.

Da vi konfronterte henne med det, ble det tårer og lovnader om bedring. Senere viste det seg at dette bare var et spill. Vi bestemte oss etter hvert for å få henne ut og passet selvsagt på å følge boken. Dette var en ansatt som ville skape problemer der det var mulig. Hun engasjerte advokater, fikk «spioner» på kontoret, som kunne rapportere hva det måtte være til henne. Da hun omsider skulle tømme kontoret sitt, møtte hun med en lokal bolekonge, som på toppen av alt førsøkte å springe ut dørene med TVen vår under armen. Det var Texas. Heldigvis hadde vi en del andre ressurser, som også hadde vokst opp i litt røffere miljø enn søndagsskolen.

En stund senere fikk jeg brev fra Økokrim om at saken mot meg og selskapet var henlagt. Jeg visste ikke at vi hadde noen sak mot oss en gang, men de sendte meg kopi av anklagen. Det var selvsagt denne selgeren som hadde gjort et forsøk. Hun hadde ramset opp flere sider med fryktelige ting hun var utsatt for. Se for deg en 10-åring som skal referere til lovtekst og ikke kan tegnsetting, rettskriving ... og i tillegg nylig har tyllet i seg 5 bokser med Redbull. Slik var brevet hennes til Økokrim. Jeg fikk et lite innblikk i et temmelig forstyrret sinn og det var ikke hyggelig. Det hadde nok Økokrim også fått – de henla i alle fall saken, uten at jeg i det hele tatt visste at den eksisterte før i etterkant. Det var jo greit at de sendte meg en kopi av henleggelsen, slik at jeg visste hvor forstyrret denne personen var.

Det var nok den største feilansettelsen jeg har gjort, men det er flere..

I januar 2016 ansatte vi en kar som bar bud om å være en av de beste selgerne på denne jord. Han var nettopp flyttet hjem fra Bergen, hvor han hadde hatt stor suksess innen et salgsfirma, som til alt hell benyttet samme telefonsystem som oss – han kunne altså det meste allerede. Han trengte bare å lære seg hva som var så spesielt med det vi holdt på med. Smartere folk enn han hadde lært dette før, så det burde ikke være noe problem.

Han satte i gang og blåste alle av banen. Cato og jeg ble mektig imponert, men salgslederne begynte etter kort tid å bli skeptiske. Vi ba dem følge med på hva han sa og gjorde. Da ble de delt – noen var skeptiske, andre friskmeldte ham. Et par måneder senere hev vi ham imidlertid ut. Han sendte fakturaer til personer som kun ba om informasjon, han sa akkurat det som skulle til – hva det nå enn måtte være – for å lande salget. Mannen var full av løgn og fanteri.

Han var ikke snauere enn at han saksøkte oss for 200 000 kroner. Han hadde fått lønn og alt slikt, men han mente han hadde fått 200 000 kroner for lite. Dette var selvsagt bare tull. Da vi hev ham ut, måtte vi sette flere ressurser på å rydde etter ham. Vi brukte et par månedsverk på å kontakte de han hadde vært i kontakt med, for å slukke branner og komme til enighet.

Salgene hans var fantasier og en rekke mennesker hadde fått en dårlig opplevelse av Klagehjelp gjennom hans vanskjøtsel. Han var en katastrofe, som i tillegg hadde saksøkt oss. Han gikk ut døren hos oss i februar, eller tidlig i mars, 2016 og det var ikke før i slutten av januar 2017 at vi fikk brev fra myndighetene om at saken nå var ute av verden. Selskapet hans – han hadde eget selskap må vite – hadde i tillegg endret navn ... nå endte selskapsnavnet på KONKURSBO. Jeg hadde lest om ham i avisene like etter at han sluttet hos oss – da hadde han fått mye omtale for å etablere en avdeling for et eller annet bemanningsbyrå. Det ble hauset temmelig godt opp, han trillet rundt i ny firmabil og det hele, men det varte altså bare noen måneder før han krasjlandet..

En ting er sikkert – han kommer aldri inn dørene hos oss igjen.

Listen over feilansettelser er dessverre lang, men det har sin grunn i noe som jeg synes er veldig positivt. Vi velger å tro på folk og vi velger å gi folk en sjanse. Vi slipper dem inn i varmen og gir dem muligheten til å ta tak i livet sitt og i arbeidsoppgavene – vi gir dem muligheten til å lykkes. Det er dessverre alt for få som benytter seg av dette. Fallhøyden er ikke så stor – dersom de mislykkes, blir de jo uansett fanget opp av det offentlige, der de kan få uten å yte noe tilbake. Slikt bygger ikke karakter.

Selv om vi har gjort en del feilansettelser, er det altså gjort i den beste hensikt. Vi vil heller feile på slike ting, enn å la være å gi folk muligheten, i frykt for å feile. Derfor har vi også et fantastisk godt arbeidsmiljø – de som lykkes er nok klar over at det ikke er alle steder de ville fått muligheten.

Nå kan det kanskje virke som om vi bare tar inn folk som ikke kunne fått jobb andre steder – det er selvsagt ikke tilfelle, men jeg er temmelig overbevist om at vi er en god del flinkere enn bedrifter flest med å ta inn også de som lett ville ha falt utenfor. Vi kan ikke ta all æren for vår storsinnethet selv – noe av det er påtvunget. Fra utsiden blir nok jobben i Klagehjelp betegnet som en selgerjobb – i alle fall av mange. Det er vel ingen overraskelse at salgsjobber fremdeles ikke står særlig høyt i kurs – med mindre en kjører land og strand rundt i firmabiler og tilbyr legemidler eller verktøy. Dette merker vi faktisk særlig fra NAV – de har ved flere anledninger oppfordret enkelte av våre ansatte om å slutte og i stedet komme tilbake og nave.. Vanvittig..

I og med at en oppfatter jobben hos oss som en salgsjobb, ser mange arbeidssøkende i andre retninger. Videre er det alltids de som drar ned verdigheten av å jobbe som selger – de som tilbyr deg en gratis tilsendt vareprøve av trankapsler, vitaminer, bøker, sokker ... og så ender du opp med et dyrt månedsabonnement, som det er et herk å komme seg ut av. Slike aktører varer ikke lenge, men de klarer å trekke ned anseelsen for alle andre som jobber med å nå ut med varen eller tjenesten sin. En skulle kanskje kunne forvente at NAV klarte å skjelne mellom de ulike variantene av seriøsitet, men det ser altså ikke slik ut.

HVA SÅ MED EKSPANSJONEN?

SISTE **HALVDEL AV 2016** hadde vi et temmelig stort fokus på å vokse inn i nye markeder. Vi fikk opprettet datterselskaper i Danmark og England og vi hadde sterk interesse fra Tyskland. Vi innså at vi kunne vokse inn i det meste av Europa, om vi bare fikk fart på oss. I slutten av september inviterte vi over de to hovedmennene vi hadde knyttet til oss i England. Da vi satt i møte med dem, tikket den første henvendelsen fra Forbrukerombudet inn..

Fire måneder og nær en million kroner i kostnader senere, står vi i og for seg på samme sted. I neste uke kommer England på besøk igjen. Finansmannen Phil er nå skiftet ut med prosjektlederen Linda – hun har vært prosjektleder for Hewlett Packard på høyt nivå og er nok en manifestasjon av Eriksens enorme nettverk. De kommer over for å få lagt til rette for ferdigstilling av klargjøringen i England.

Nettsidene vi ble lovet skulle være oppe og gå før jul, de er fremdeles ikke levert. De har selvsagt aldri vært nærmere enn hva de er nå, men så lenge de enda ikke er å se på www.klagehjelp.no, så hjelper det liksom ikke, samme hvor nærme de er lansering. Et selskap lykkes ikke av en hel rekke nesten – en må klinke til og få det til å skje.

Alle de kundene ombudet klarte å skremme vekk ... alle de som har takket nei til å delta i pressgruppene etter hetsingen.. Jeg kan vel ikke annet enn å være fornøyd, selv om vi ikke har kommet oss inn i nye markeder enda. Alt lå til rette for det, men så smalt det altså.

Vi har kommet oss gjennom motgangen, vi har tapt enorme summer på det helsikes kjøret vi er blitt utsatt for og det bunner nok ikke i annet enn et velkoordinert forsøk på å stoppe oss. Det er godt å vite at vi er såpass plagsomme for motstanderne våre at de velger å sette himmel og jord i bevegelse for å stoppe oss. Det gjør det selvsagt temmelig tilfredsstillende å komme seg gjennom det hele også ... og komme ut på den andre siden enda sterkere og enda mer klar for å gi hva enn det er som skal til.

Vi var altså der vi hadde vært for fire måneder siden ... stort sett. Vel, med tanke på at vi hadde brukt langt mer tid enn planlagt, kunne det se ut til at vi aldri kom til å bli involvert i utslippsskandalen, hverken i England eller Tyskland. I vårt fravær, var det dukket opp aktører i begge markedene, som hadde kastet seg over utslippsskandalen. I begge markedene var det advokathus som hadde gitt seg i kast med arbeidet. De hadde fylt et tomrom – akkurat det tomrommet vi skulle ha fylt, som vi bare ikke var blitt vippet av pinnen av det hersens ombudet.

Samtidig med alt styret fra Forbrukerombudet, hadde pengene våre vært holdt tilbake av Skatteetaten, under påskudd om bokettersyn, eller momsettersyn. De hadde selvsagt ikke funnet noe, men likefullt hadde de låst ned midlene våre – to millioner av våre kroner hadde de sittet og ruget på i flere måneder, uten at vi fikk mulighet til å bruke dem til den veldige veksten vi hadde planlagt.

Vi hadde hatt en rekke uheldige omstendigheter, helt unødvendige ting, som var satt i sving mot oss. Og bak alt sammen stod offentlige instanser. Jeg var selvsagt forbannet og frustrert, men det hjalp ikke stort. Det eneste som ville hjelpe, var å lykkes til tross for motgangen.

Om vi satte oss ned og lot oss knekke, da hadde de lykkes med korstoget sitt. Det var imidlertid fullstendig uaktuelt. Det var ikke snakk om at vi skulle la oss knekke av slike ... mennesker. Vi skulle få de nye nettsidene opp, vi skulle intensivere arbeidet med å publisere filmer på Facebook- og YouTube-sidene våre – vi skulle være uredde i forhold til mediene og alskens offentlige etater ... og ikke minst, vi skulle få butikken opp og gå i både Danmark, England og Tyskland. Greit nok at vi var blitt bremset opp, det var ergerlig som bare det, men gjennom vår intense eksistens, hadde vi forstått en ting: Det ville alltid være en plass for Klagehjelp – det var ikke måte på hvor mange som forsøkte å snike og jukse med hva det nå enn måtte være. Finansnæringen var selvsagt, det var også bilindustrien. Det viste seg at det var svært mange aktører i disse bransjene som jukset. I og med at de var så kolossalt rike, ville de for alltid ha ekstremt mange virkemidler de kunne ta i bruk for å herje med oss, men ... vi skulle plukke dem, det var helt sikkert. 2016 hadde vist oss en ting veldig klart – de var livende redde oss. De hadde trolig sett hvor farlige vi var enda tydeligere enn oss selv. Det var derfor vi hadde vært overrasket over motstanden – vi hadde ikke vært klar over hvor farlige vi var, eller hvor farlige vi var i ferd med å bli ... nesten som Frodo, som kjempet seg i veg til Mordor for å ødelegge Ringen. Vi har ikke ambisjoner om å redde verden fra total ødeleggelse ... i alle fall ikke enda ... men vi er fast bestemt på å hjelpe forbrukeren i kampen mot overmakten og vi skal vinne frem.

Ting var blitt utsatt, men den aldri så lille omveien hadde så absolutt vært lærerik. Vi var blitt enda sterkere, enda farligere. Vi hadde kommet oss helskinnet gjennom kampen med Forbrukerombudet, selv om de hadde hentet inn en jurist fra Forbrukerrådet på oppløpssiden.

Neste uke kom England på besøk. Eriksen og jeg hadde de siste ukene snakket om at han skulle tre mer inn i driften, for på den måten hjelpe oss til å komme fortere i gang i Europa. Cato hadde vært nede for telling siden julen og selv om jeg var temmelig flink til å få mest mulig ut av dagene, kunne vi så absolutt ha bruk for Eriksens kapasiteter. Vi hadde avtalt å snakke gjennom dette når han kom. Vi skulle få Linda i gang inne hos admin, slik at hun bedre skulle forstå hvordan vi jobbet og opererte – hun var for tiden den utførende ressursen vår i England. Eriksen hadde oppsynet med det hele, men det var Linda som fikk konsesjoner og den slags på plass for det engelske datterselskapet vårt. Dette var noe vi ville ha behov for, når vi etter hvert skulle i gang med å hjelpe engelskmennene med finanssaker. Om det faktisk ble slik at vi mistet utslippsskandalen, skulle vi saktens finne annet å jobbe med i England – det var tross alt et gedigent marked og når vi først kom oss i gang der borte, da lå det til rette for at vi kunne ha arbeid herfra og inn i evigheten.

Så snart England satte seg på flyet i retning London igjen, skulle vi hive oss på et fly over til Oslo. Vi, om Cato var på plass igjen. Han hadde operert ryggen og vært nede for telling i noen uker, men han hadde flagget at han var klar for å yte. Turen til Oslo var for å møte advokaten vi hadde hyret inn for arbeidet med VWs utslippsskandale. Samme hvor utskjelt vi hadde vært i mediene, hadde vi hittil valgt å holde advokaten hemmelig. Vi hadde strakt oss helt til toppen av advokathierarkiet. Forbrukerombudet hadde selvsagt bedt om bevis på at vi faktisk hadde lyktes i å engasjere denne advokaten. Vi hadde sendt dem oppdragsavtalen og da hørte vi aldri mer om den saken. Det var en temmelig spesiell følelse. Vi sloss med knyttnever mot en motstander med kniv – vel vitende om at vi hadde en hydrogenbombe i baklommen. Det skulle bli temmelig greit å omsider flagge hvem vi hadde på lag, men enn så lenge lot vi det vente. Kanskje vi likte den ujevne fighten. Vi hadde kommet så langt og vi var bare sterkere enn hva vi hadde vært. Vi var optimistiske.

Ekspansjonen hadde latt vente på seg, men nå følte vi oss veldig klare for å komme videre. Det var mye arbeid som skulle gjøres, men vi var klare for å gi gass.